日本標準ブックレット No.21

能力・貧困から必要・幸福追求へ

―若者と社会の未来をひらく教育無償化―

渡部昭男

表紙イラスト　安田みつえ

はじめに　諸個人の全面的多面的な発展のための自由な学び

日本の高学費をどうするか

『日本の高学費をどうするか』、これは恩師であった田中昌人先生（一九三二―二〇〇五年）の遺著のタイトルです（新日本出版社、二〇〇五年）。その本の帯には、「ひろがる経済的格差、学びたい若者の未来を奪うものはだれか！」「重い教育費負担の現状と打開の道を、国際人権規約の『無償教育の漸進《ぜんしん》的導入』をキーワードに実証的に解明」と書かれています。

闘病中に記した「あとがき」は、次の文章で締めくくられています。「……一九歳の女子大生が、家庭の年収が東大生の家庭の平均年収の五分の一で、仕送りなしで生活していることをもとに、『お金のあるなしで教育の機会均等が奪われるなんて。そんな悲しい国に日本をしたくありません』との投書をしています。青年の未来を切り捨てる国に未来はありません」と。

その後、二〇一〇年度から、紆余曲折はありますが高校授業料無償化（以下、高校無償化）が導入されています。二〇一二年に、日本政府は、国際人権規約の漸進的無償化条項の受け入れを世界に表明しました。子どもの貧困対策の推進に関する法律が議員立法で成立したのが、二〇一三年です。そして、二〇一七年に閣議決定された「新しい経済政策パッケージ」では、幼児教育の無償化、高等教育の無償化などがうたわれています。果たして、日本は「悲しい国」から脱しつつあるのでしょうか。

学びたいことを、学びたいときに、誰もが学べるように

「幼児教育から小・中・高等学校教育、高等教育、さらには社会人の学び直しに至るまで、生涯を通じて切れ目なく、質の高い教育を用意し、いつでも有用なスキルを身につけられる学び直しの場が、安定的な財源の下で提供される必要がある」。異論なく賛同を得そうな文句が、「経済政策パッケージ」として語られると「人づくり革命」「人材への投資」に括られてしまいます。わたしたちの「学び」を勝手に「人づくり革命」と言わないで……、わたしたちは「人材」なの……。二〇一八年に閣議決定された「骨太の方針（経済財政運営と改革の基本方針）二〇一八」では、消費増税一〇パーセントとひきかえに保育や教育の無償化に一歩踏み出すことが盛り込まれました。教育無償化を駆引きに使わないでほしいものです。

ところで、大学の講義で視聴する番組（NHKクローズアップ現代〈二〇〇八年一月三一日放映〉：教育で国の未来を切り開け）には、フィンランドの改革を担った教育担当大臣が登場します。人材投資・未来投資という政策担当者らしいコメントに続いて、「学びとは本来、繊細で、個人的で、複雑なものなのです」と学びの本質を語るのですが、日本の受講生はその接続のギャップにしばらく戸惑う様子です。ご承知のように、学力や幸福度の世界調査で常に上位に名を記すフィンランドは大学まで学費が無償の国です。

労働環境の改善や技術革新などにより生産性が向上すると、労働時間を短縮しても社会全体が欠乏なく暮らせる富を生み出すことができ、生じたゆとりの時間を諸個人が自由で全面的多面的な発展のために使える道が拓けるといわれています。一部先進国では、六時間労働への移行がトレンドになりつつあります。幸福追求のために、学びたいことを、学びたいときに、誰もが学べる……それは、「夢物語」なのでしょうか。

第一章　国際人権規約と漸進《ぜんしん》的無償化

―ヒューマン・ライツとしての「教育への権利」―

外務省のホームページに、「経済的、社会的及び文化的権利に関する国際規約（社会権規約）第一三条二（b）及び（c）の規定に係る留保の撤回（国連への通告）について／平成二四年九月」（／は改行を示す。以下同じ）というタイトルの情報がアップされています。

二〇一二年転換課題＝漸進的無償化

日本国政府は、昭和四一年一二月一六日にニューヨークで作成された「経済的、社会的及び文化的権利に関する国際規約」（社会権規約）の批准書を寄託した際に、同規約第一三条二（b）及び（c）の規定の適用に当たり、これらの規定にいう「特に、無償教育の漸進的な導入により」に拘束されない権利を留保していたところ、同留保を撤回する旨を平成二四年九月一一日に国際連合事務総長に通告しました。／この通告により、日本国は、平成二四年九月一一日から、これらの規定の適用に当たり、これらの規定にいう「特に、無償教育の漸進的な導入により」に拘束されることとなります。

日本国憲法（五二ページ）第九八条二項は、「日本国が締結した条約及び確立された国際法規は、これを誠

表１　「教育無償化」新聞記事数

年	2010	2011	2012	2013	2014	2015	2016	2017	2018
毎日新聞 *	4	1	2	10	10	9	79	420	104
朝日新聞 **	5	1	7	12	7	6	64	517	83
読売新聞 ***	5	0	1	13	7	9	38	275	88

*「毎索」により対象紙に「毎日新聞」のみを指定して「簡易検索」した件数。
**「聞蔵Ⅱ」により対象紙に「朝日新聞」のみを指定して「シンプル検索」した件数。
***「ヨミダス歴史館」により「全国紙」のみを指定し「平成検索」した件数。

実に遵守することを必要とする」と定めています。この誠実遵守義務を踏まえて、私も参加する大学評価学会（http://www.unive.jp/）では、高等教育を含めて段階的に無償に近づけていく漸進的無償化を重要な転換課題＝「二〇一二年転換課題」と位置づけて発信してきました。当初は「戯言《たわごと》」と一蹴されましたが、ここにきてようやく幼児教育から高等教育までの教育無償化が国民的関心事になってきたと感じています。

新聞記事検索によれば、留保撤回から五年ほどが経過した二〇一六―一七年になって、「教育無償化」の語句を含む記事が増えたことがわかります（表1）。

A規約第一三条＝人権としての「教育への権利」

日本国憲法第二六条は「教育を受ける権利 right to receive education」ですが、国際人権規約（社会権規約・以下、A規約）（七ページ）第一三条ではより能動的な「教育への権利 right to education」という規定になっています。

「漸進的無償化」科学研究費グループ（以下、科研グループ）（15H03474基盤研究(B)代表・渡部、二〇一五―一七年度）は、国際人権法がご専門のフォン・クーマンズ教授（オランダ・マーストリヒト大学、ユネスコ人権平和職）を招いて、シンポジウムを開催しました。その講演[1]のなかで教授は、「人権（ヒューマン・ライツ）」としての「教育への権利」という認識の重要性を語っています。

第一に、「教育への権利」がほかでもない「エンパワーメントの権利 empowerment right」だということです。すなわち、教育は①人格を形成する、②社会に貢献する、③人生・生活をコントロールする、④社会を統治する、⑤社会階層を上る、といった形で人々をエンパワー（力を与え強める）します。第二に、働く権利、健康への権利、食べ物への権利、政治参加の権利、完全参加と平等の権利など、他の諸権利を享受するうえで「鍵となる権利 key right」でもあります。

「教育への権利」は、「人権中の人権」と言っても過言ではないでしょう。

「アクセス可能性」を満たす方策＝教育無償化

その「教育への権利」の実現には、「利用可能性 Availability《アヴェイラビリティ》」「アクセス可能性 Accessibility《アクセスビリティ》」「受容可能性 Acceptability《アクセプタビリティ》」「適応可能性 Adaptability《アダプタビリティ》」という四つの「A」が満たされることが肝要です。[2] これを、「教育への権利」保障の4Aスキーム（枠組みをもった計画）といいます。

すなわち、初等・中等・高等レベルの学校教育の制度および施設設備が整えられて「利用可能」な状態でなければなりません。そして、その学校教育に誰もが物理的・経済的に「アクセス」できる必要があり、そこで受ける教育自体が理解でき「受容」できる方法や言語で提供されねばなりません。かつ、その内容は古色蒼然としたものではなく時代や社会の変化、コミュニティや個人のニーズに「適応」したものでなければならないのです。

A規約第一三条第二項にある（a）初等教育の無償（free to all）と（b）中等教育および（c）高等教育の漸進的無償化（progressive introduction of free education）をあわせた「狭義の教育無償化」、ならびに（e）奨

国際人権規約（社会権規約／A規約）（抜粋）

採択1966年12月16日（国連第21回総会）、効力発生1976年1月3日

日本国1979年9月21日（同年6月21日批准書寄託、8月4日公布・条約6号）

第2条

1　この規約の各締約国は、立法措置その他のすべての適当な方法によりこの規約において認められる権利の完全な実現を漸進的に達成するため、自国における利用可能な手段を最大限に用いることにより、個々に又は国際的な援助及び協力、特に、経済上及び技術上の援助及び協力を通じて、行動をとることを約束する。

2　この規約の締約国は、この規約に規定する権利が人種、皮膚の色、性、言語、宗教、政治的意見その他の意見、国民的若しくは社会的出身、財産、出生又は他の地位によるいかなる差別もなしに行使されることを保障することを約束する。

3　開発途上にある国は、人権及び自国の経済の双方に十分な考慮を払い、この規約において認められる経済的権利をどの程度まで外国人に保障するかを決定することができる。

……

第13条

1　この規約の締約国は、教育についてのすべての者の権利を認める。締約国は、教育が人格の完成及び人格の尊厳についての意識の十分な発達を指向し並びに人権及び基本的自由の尊重を強化すべきことに同意する。更に、締約国は、教育が、すべての者に対し、自由な社会に効果的に参加すること、諸国民の間及び人種的、種族的又は宗教的集団の間の理解、寛容及び友好を促進すること並びに平和の維持のための国際連合の活動を助長することを可能にすべきことに同意する。

2　この規約の締約国は、1の権利の完全な実現を達成するため、次のことを認める。

(a)　初等教育は、義務的なものとし、すべての者に対して無償のものとすること。

(b)　種々の形態の中等教育（技術的及び職業的中等教育を含む。）は、すべての適当な方法により、特に、無償教育の漸進的な導入により、一般的に利用可能であり、かつ、すべての者に対して機会が与えられるものとすること。

(c)　高等教育は、すべての適当な方法により、特に、無償教育の漸進的な導入により、能力に応じ、すべての者に対して均等に機会が与えられるものとすること。

(d)　基礎教育は、初等教育を受けなかった者又はその全課程を修了しなかった者のため、できる限り奨励され又は強化されること。

(e)　すべての段階にわたる学校制度の発展を積極的に追求し、適当な奨学金制度を設立し及び教育職員の物質的条件を不断に改善すること。

3　この規約の締約国は、父母及び場合により法定保護者が、公の機関によって設置される学校以外の学校であって国によって定められ又は承認される最低限度の教育上の基準に適合するものを児童のために選択する自由並びに自己の信念に従って児童の宗教的及び道徳的教育を確保する自由を有することを尊重することを約束する。

4　この条のいかなる規定も、個人及び団体が教育機関を設置し及び管理する自由を妨げるものと解してはならない。ただし、常に、1に定める原則が遵守されること及び当該教育機関において行なわれる教育が国によって定められる最低限度の基準に適合することを条件とする。

出典：外務省ホームページ　http://www.mofa.go.jp/mofaj/gaiko/kiyaku/2b_004.html

図1　国際人権A規約第13条における無償化原則の位置づけ

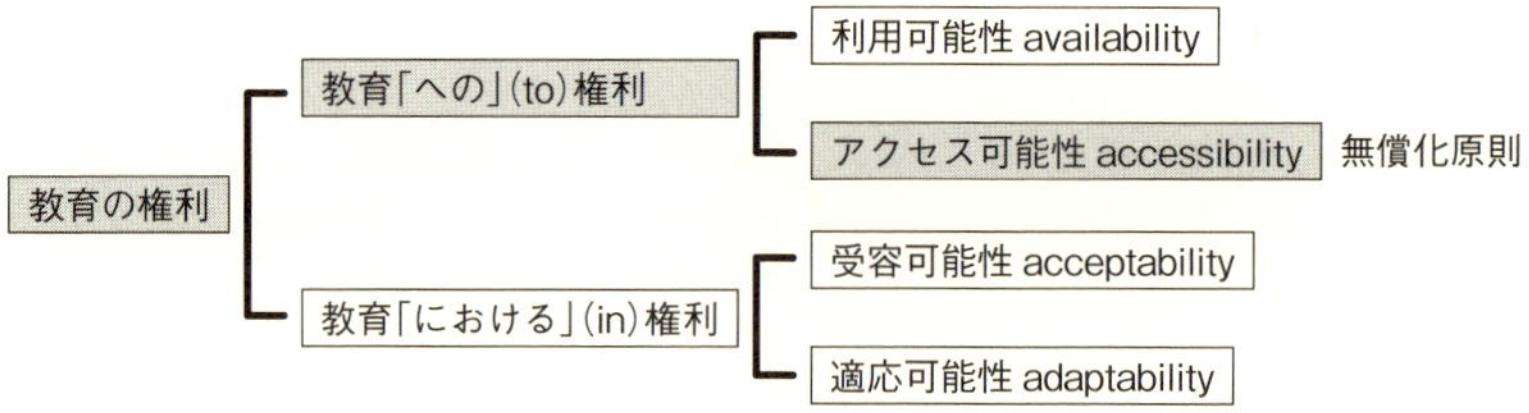

出典：田中秀佳（2014）の表をもとにその表現も生かしながら渡部が図に置き換えた。

学金（原文は fellowship）制度を含んだ「広義の教育無償化」（無償化原則）は、経済的な「アクセス可能性」に位置づくものです（図1）。「アクセス可能性」が満たされない場合にも、ヒューマン・ライツとしての「教育への権利」が侵害されることになるのです。

国家に義務を履行させる力＝市民のモニター活動

クーマンズ教授は「A規約は法的拘束力を持つ」としたうえで、「実行させることは困難を伴う」とも指摘しています。たとえば、締約国は「立法措置その他のすべての適当な方法によりこの規約において認められる権利の完全な実現を漸進的に達成するため、自国における利用可能な手段を最大限に用いることにより……行動をとることを約束する」（A規約第二条第一項）とあります。「最大限に」が理想主義を表す一方で、「利用可能な」は現実主義を表しており、相いれない二つの語句が並んでいるというのです。関連して、教授は「義務を遵守する能力がない inability」ことと、「義務を遵守する意志がない unwillingness」ことは、区別すべきであると述べています。

シンポジウムではクーマンズ教授からの指摘を受けて、国家の自由裁量に委ねて「利用可能な」や「漸進的に」を逃げ道にさせないためにも、教育無償化の義務を履行させるべく国家をモニターする市民の活動が重要になってくることが論議されました。

日本政府は、二〇一八年五月三一日までに次の定期報告（第四回政府報告）を国連に提出する必要がありました（A規約第一六〜一七条）が、その期限はとっくに過ぎています。市民団体[3]のなかには「二〇一八年問題」として取り組みを重ねているところもありますが、マスコミが報じることは稀です。

漸進的無償化プログラムおよび地域分析

高校無償化を導入した二〇一〇年に刊行された『平成二一年度文部科学白書』は、「我が国の教育水準と教育費」の特集を行い、豊富なデータを用いて「教育格差」について言及しています[4]。たとえば、大学卒業までに各家庭が負担する平均的な教育費は、幼稚園から高校までが公立で大学が国立の場合が約一〇〇〇万円、すべてが私立の場合で約二三〇〇万円というのです。二人の子を想定すると、前者で約二〇〇〇万円、後者で約四六〇〇万円を用意しなければなりません。親の収入と高校卒業後の進路をみると、両親の税込年収が一〇〇〇万円超の家庭の四年制大学への進学率は約六二パーセント（就職率は約六パーセント）であるのに対して、四〇〇万円以下の家庭では約三一パーセント（就職率は約三〇パーセント）となっています。進学率に二倍の格差があるといえます。

科研グループでは、こうした格差を軽減するために、「漸進的無償化プログラム（高等教育版）」の枠組み（表2、一〇ページ）を提示し、空欄を埋める作業を進めています[5]。

漸進的無償化プログラムの核《コア》は、やはり高学費への対応です。そこで「A学費」として、「A1：学費自体の軽減化」「A2：学費減免制の拡充」を設けています。科研グループによる授業料半額化の試算によれ

表２　「漸進的無償化プログラム（高等教育版）」の枠組み

	区分	国レベル	都道府県レベル	市区町村レベル	大学・学校法人レベル	民間レベル
A 学費	A1：学費自体の軽減化					
	A2：学費減免制の拡充					
B 奨学金・学生ローン等	B1：給付型奨学金の拡充					
	B2：無利子学生ローンの改善 ・成績要件の緩和 ・所得連動返還型 ・返還免除／猶予 ・救済制度　等					
	B3：有利子学生ローンの縮減					
	B4：学内勤労奨学金の拡充 ・学生雇用 ・SA, TA, RA などの補助的業務　等					
C 修学支援	C1：学習費の支援 ・教科書代補助 ・実験実習費補助 ・留学費補助 ・学会活動費補助　等					
	C2：学生生活費の支援 ・学生寮の整備拡充 ・家賃補助（学割拡大を含む） ・交通費補助（学割拡大を含む） ・まかない費補助（百円朝食）　等					
D 就労支援・生活保障	D1：就労支援 ・就活，インターンシップ費支援 ・起業経費支援　等					
	D2：生活保障 ・生活保護制度 ・若者年金／手当　等					

（渡部昭男、2018［作表2017］）

ば、仮に国立大学授業料（標準額五三万五八〇〇円）の半額相当（約二七万円）の支援を、国公私立大学の学部・大学院、短大、高等専門学校の専門課程（四・五年生）、専修学校専門課程（専門学校）を対象に実施すると、一兆円弱の予算額となります。

　ところで、クーマンズ教授は、講演の終盤において、「高等教育において応能負担（ability-to-pay）の原則に基づく政策は採用されるべきか？」との問題提起を行いました。これに対して、会場からはさまざまな意見や疑問が出されました。学生個人の負担能力なのか家族の負担能力なのか、所得階層に応じて学費に高低を設けることは妥当か、……等々。しかし、日本国内でも「学費の全額免除者、半額免除者、納入者」という三層の対応が現にあることを踏まえれば、今後いかに減免措置を拡充していくのか、どのように学費自体を抑制して無償化に近づけていくのかという、合意形成の一助になるのではないでしょうか。すなわち、当面は学費の全額免除者、半額免除者の枠を生活困窮層から中間層へと次第に広げつつ、同時に学費の半額化をめざしてはどうでしょう。

プログラムの次の項目には、A規約第一三条第二項（e）にもある奨学金の整備拡充について、「B奨学金・学生ローン等」として、「B1：給付型奨学金の拡充」「B2：無利子学生ローンの改善」「B3：有利子学生ローンの縮減」「B4：学内勤労奨学金の拡充」を設けています。これまで日本で奨学金といわれてきたものは、実は学生ローン（student loan）です。諸外国でいう奨学金（scholarship）は、返還不要の給付型奨学金を指しますが、日本ではようやく二〇一七年度に試験導入されました。学内勤労奨学金とは、学生・院生をキャンパス内の補助的業務に雇用したり、ティーチング・アシスタント（TA）等を依頼するものです。

また、学費が軽減されても学習費や生活費が支援されないと学業は継続できません。そこで、「C修学支援」として、「C1：学習費の支援」「C2：学生生活費の支援」を設けました。さらに、就活・インターンシップ費支援や若者年金・手当などの「D就労支援・生活保障」も設けました。

A～Dの項目それぞれに、国の果たすべき役割があり、都道府県や市区町村の施策、大学法人・学校法人の対応、民間の取り組みがあることを想定しています。

さらに、科研グループでは地域研究も進めており、就学前教育保育から高等教育までを縦に貫いて漸進的無償化を探ろうとした鳥取県の事例研究、高等教育をめぐる地域ニーズと施策動向を追った長野県の事例研究も公表しています。[6] 都道府県や市区町村を分析する際に参照してください。

逆行する東工大の学費値上げ通告

上京中のホテルのロビーで目をとおした日本経済新聞の記事「東工大の授業料来年度引上げ／文科省の標準額超え」（二〇一八年九月一三日付朝刊）でこの報道を知りました。時代に逆行する動きに不意打ちをくらい、当初は「東工大が【引下げ】！」と早とちりをしたほどです。同紙の記事は、「文部科学省によると、現在、学士・修士・博士課程で、標準額を上回る国立大はないという」とのコメントを紹介しつつ、「国立大の授業料は、制度上は標準額の一二〇％まで引き上げることができる」のお追従《ついしょう》で終わっています。

しかし、この標準額の制度は国立大学の法人化の際に導入された（国立大学等の授業料その他の費用に関する省令、二〇〇四年）ものであり、「二〇一二年転換課題」を負った現在では、「A1：学費自体の軽減化」に係る責務として、大学法人にあっては標準額を上回る運用には自制が求められますし、国の政策としては各法人が標準額を上回らない仕組みに省令を改正（不作為義務、七〇ページ）したり、下回る法人に対しては不足額を補填し、さらにインセンティブ（褒賞）を与えたり、また標準額そのものの値下げを進めるべき（作為義務、七〇ページ）といえるでしょう。

東工大（東京工業大学）が「世界トップ一〇」に入ることを掲げて、最も請求しやすい受験生に対して、「禁じ手」ともいえる学費値上げ（その額は実におよそ一〇万円）を一方的に通告した[7]背景、すなわち運営費交付金の減額で不足した人件費や研究費を新入生の授業料に転嫁するほどに、とことん追い詰められた国立大の状況をマスコミ各社はもっと掘り下げるべきです。Ａ規約の「無償教育の漸進的導入」との関係を突いた報道も、欲しいものです。

なお、今回の東工大の通告は、「『授業料収入で自己収入の大幅な増加を賄うということは、金額の大幅な引上げにつながりかねず、現下の経済状況や厳しい家計状況では困難である』ということを（各法人に――引用者補足）お答えしている」と述べた、文部科学省（以下、文科省）の従来の方針・答弁[8]とも矛盾しているのです。文科省はどう懸念を表明するのでしょうか、国立大学協会はどう自制を求めるのでしょうか。一法人の裁量だからとする沈黙・容認は、「二〇一二年転換課題」からも許されません。

その点、「授業料の引き上げ自体疑問はありますが、少なくとも速やかに新たな経済的負担軽減策の内容を示し、受験生が自らがその対象になるのか判断できるようにすべきではないでしょうか」と指摘した西川治弁護士のブログ発言[9]は、鋭くもあり、また貴重です。たとえば、東京大学では家庭の年収四〇〇万円以下なら授業料免除に該当しますが[10]、そうした独自方策は何も示されていないのです。

（1）Fons Coomans, 2018, Moving towards the Full Realization of the Right to Education: The Relevance and Importance of Article 13 ICESCR／フォン・クーマンズ（二〇一八）「教育への権利の完全な実現に向けて：国際人権Ａ規約第一三条の関連性と今日的意義」（服部荘一郎訳）、科研グループ主催シンポジウム、二〇一八年一月二八日、http://www.lib.kobe-u.ac.jp/repository/81010074.pdf（神戸大学附属図書館学術成果リポジトリ）

（2）田中秀佳（二〇一四）「国際人権法における教育の漸進的無償化：日本政府による社会権規約一三条二項への留保撤回の意義」『日本教育法学会年報』四三号、五五―六四ページ。

（3）たとえば、二〇一八年一月二八日シンポジウムでの報告として、三輪定宣「『奨学金の会』からみた日本の現状と課題」

http://www.lib.kobe-u.ac.jp/repository/81010075.pdf　西川治「『奨学金対策問題全国会議』からみた日本の現状と課題」

（4）文部科学省『平成二一年度文部科学白書』図表一—一—一、図表一—一—一四、http://www.mext.go.jp/b_menu/hakusho/html/hpab200901/detail/1296707.htm（文科省ホームページ）

（5）渡部昭男（二〇一八）「後期中等・高等教育における『無償教育の漸進的導入』の原理と具体策（三）二〇一六—一七年度の研究成果と課題：漸進的無償化プログラムの提言にむけて」『神戸大学大学院人間発達環境学研究科研究紀要』一一巻二号、一五三—一六二ページ、http://www.lib.kobe-u.ac.jp/repository/81010229.pdf

（6）渡部容子・國本真吾（二〇一八）「保育・教育費負担の現状と地方自治体による支援策：漸進的教育無償化の視点から鳥取県を事例として」『近畿大学生物理工学部紀要』四二号、三三—四四ページ。渡部昭男・細川孝・光本滋・伊東直登（二〇一九）「高等教育に係る地域ニーズと施策：信州高等教育支援センター開設を中心とした長野県の動向」『神戸大学大学院人間発達環境学研究科研究紀要』一二巻二号、五五—六四ページ。

（7）「大学からのお知らせ　二〇一九年度以降入学者（学士課程・大学院課程）の授業料を改定」東工大ニュース二〇一八年九月一三日、https://www.titech.ac.jp/news/2018/042337.html（東工大ホームページ）

（8）文部科学省高等教育局「国立大学の授業料について」二〇一六年三月四日、http://www.mext.go.jp/a_menu/koutou/houjin/__icsFiles/afieldfile/2016/03/04/1367834_01_1.pdf

（9）西川治（二〇一八）「東京工業大学が授業料値上げを発表」二〇一八年九月一三日、http://wriver.cocolog-nifty.com/blog/

（10）今中政輝（二〇一六）「『世帯年収四〇〇万円以下家庭授業料免除@東京大学』のインパクト：創設の経緯、仕組み、現状と課題」二〇一六年一一月一九日、http://www.unive.jp/kenkyukai20161119imanaka.pdf（大学評価学会ホームページ）

＊各ホームページについては二〇一九年二月一六日確認。以下同じ。

第二章　教育無償化と改憲論　―子育て・教育を共同的互恵的に営む合意形成こそ―

教育無償化に係るマスコミ取材の増加

二〇一六年頃から、教育無償化に関連した筆者へのマスコミ取材が増えています。たとえば次のようです。

・ABC朝日放送二〇一六年九月八日放映（ABC六五周年SPの一企画）「奨学金も負の遺産に　教育費の現実」（企画への助言および番組内でコメント）

・しんぶん赤旗二〇一六年一〇月三〇日付インタビュー記事「焦点・論点　学費半減に向かう韓国／『家族負担』から社会も負担する国に／市民団体がとりあげ運動」

・毎日新聞二〇一七年五月一二日付東京朝刊「教育無償化　改憲いらぬ／九条とセットに違和感」記事内のコメント「問題すり替えに危機感」

・J・WAVE「JAM　THE　WORLD」二〇一七日五月一二日放送「CUTTING　EGDE／青木理×渡部昭男　果たして、教育無償化に憲法改正は必要なのか？」

・毎日新聞二〇一七年七月二九日付大阪朝刊「朝鮮学校無償制大阪地裁判決／教育への政治介入警鐘／機会均等から逸脱」記事内のコメント「趣旨に沿った判決」

・毎日新聞二〇一七年九月八日付東京朝刊インタビュー記事「オピニオン　シリーズ憲法七〇年論点　教育無償化の道は／すでに法律に理念はある」（表紙裏参照）
・神戸新聞二〇一八年二月二二日付朝刊（共同通信社配信記事）「改憲案に『教育環境整備』／自民本部、無償化は見送り」記事内のコメント「改憲の意味見いだせず」
・NHKラジオジャパン二〇一八年四月一一日インタビュー放送「海外向けニュース／大学無償化」（日本語を含む一八か国の言語で世界に放送）

取材サイドの関心事としては、一つに教育無償化改憲論に関するもの、二つには教育無償化そのものの方策（学生ローン、給付型奨学金、海外動向など）に分類できるでしょう。

国会審議録から教育無償化論議を探る

二〇一六年あたりからにわかに活発となっている教育無償化論議の経緯と特徴を、二〇一六年第一九〇回から二〇一七年第一九三回までの、国会審議をもとにまとめてみました（二〇一七年九月衆議院解散後の会期は森友・加計問題、文書書き換え・隠ぺい疑惑などが中心論題）。安倍晋三首相が教育無償化改憲論に国会の場で呼応しはじめるのは二〇一七年に入ってからです。その二〇一七年は「教育無償化」新聞記事数も突出しています（表1、五ページ）。

国会審議録はインターネット上で検索できる仕組みになっています。「教育無償化[1]」をキーワードとし、国会会議録検索システム（http://kokkai.ndl.go.jp/）で簡易検索を行いました。その結果、第一九〇回通常国会（二〇一六年一月四日―六月一日）では二八件が、第一九一回臨時国会（同年八月一日―八月三日）では〇件が、第一九二回臨時国会（同年九月二六日―一二月一七日）では一八件が、第一九三回通常国会（二〇一七年一月二〇日―六月一六日）では四九件がヒットしました。それらを、会期順に整理してみましょう（以下、引用は、国会会期・衆参議院・会議名・号数・年月日、の順で表記）。

第一九〇回通常国会における審議（二〇一六年一―六月）

（1）震源地は維新の会「憲法改正原案」

教育無償化改憲論の震源地は、二〇一六年三月二四日に公表されたおおさか維新の会（以下、改名後も含めて、維新の会）の「憲法改正原案」（三月二六日党大会承認）です。すなわち、日本国憲法第二六条を「教育を受ける権利、教育の義務及び学校教育の無償」規定に改める案であり[2]、第三項として「法律に定める学校における教育は、すべて公の性質を有するものであり、幼児期の教育から高等教育に至るまで、法律の定めるところにより、無償とする」を追加しています。

（2）距離を置いた公式答弁

教育無償化改憲論に対して、第一九〇回国会では、まだ距離を置いた政府対応がなされています。すなわち、維新の会による質問を受けて、安倍首相は「憲法改正には国民の理解が必要不可欠であり、具体的な改正の内容についても、国会や国民的な議論の深まりの中でおのずと定まってくるもの」との公式答弁を繰り返しているのです（一九〇・衆・本会議・八号・二〇一六年一月二七日、一九〇・参・本会議・七号・二〇一六年一月二八日など）。

当時の馳《はせ》浩文科大臣は「国民的な議論のもとにおいて判断されるもの」（一九〇・衆・文部科学委員会・二号・二〇一六年三月九日）と同様の答弁を行うとともに、憲法改正の切り口から教育無償化を論ずることについては「ちょっと乱暴」（一九〇・衆・文部科学委員会・八号・二〇一六年五月一八日）とも発言しています。

（3）幼児教育無償化の段階的推進演説

第一九〇回国会時点においては、安倍首相が施政方針演説で「幼児教育無償化の実現に一歩一歩進んでまいります」（一九〇・衆・本会議・六号・二〇一六年一月二二日）と述べているように、幼児教育無償化の段階的推進[3]が当面の課題とされていました。財源としては消費税率引上げ財源の活用を含むもの（公費ベースで約七千億円）であり、さらなる財源については、安倍首相も「安定財源を確保した上で取り組んでいきたい」（一九〇・参・予算委員会・七号・二〇一六年三月二日）と述べるにとどまっています。なお、大学等については、「教育無償化」ではなく、意欲と能力のある学生が学び続けられる「環境の整備[4]」ないし「教育費負担の軽減」といった別用語が当てられていました。

参議院選挙における政党公約

二〇一六年七月一〇日に投開票された第二四回参議院議員通常選挙は、選挙権年齢が満一八歳に引き下げられた最初の国政選挙でした。そのこともあって、与野党を問わず、子どもの貧困解消や給付型奨学金検討などを公約に掲げました。画期的なことでした。その際、維新の会は公約の第一に「憲法改正による教育無償化[5]」を打ち出し、特異性を際立たせていたのです。

第一九二回臨時国会における審議（二〇一六年九—一二月）

（1）維新の会「教育無償化法案」を提出

維新の会（二〇一六年八月に日本維新の会に党名変更）は、第一九二回国会開会直後に、幼児教育から高等教育までの「授業料」（保育料を含む）の不徴収と「授業料以外の教育費用」の負担軽減を盛り込んだ「教育無償化等制度改革の推進に関する法律案」（参法第一〇号）[6]を提出しています（第一九三回国会にも再提出）。

（2）引き続き距離を置いた答弁

教育無償化改憲論に絡めた維新の会の代表質問に対して、安倍首相は、「まずは国会の憲法審査会という静かな環境において各党が真剣に議論し、国民的な議論につなげていくことが必要」として案の提示を歓迎する意向を示しつつも、「期限ありきの事柄ではない」、「もとより合意形成の過程で特定の党の主張がそのまま通ることはないことは当然のこと」（一九二・参・本会議・三号・二〇一六年九月二九日）と、引き続き距離を置いた答弁をしています。

（3）幼児期から高等教育段階までの切れ目のない負担軽減

第一九二回国会では、給付型奨学金制度の創設案が新たに加えられました。このことによって、当時の松野博一文科大臣の答弁でも「幼児教育無償化に向けた取り組みの段階的推進、高校生等奨学給付金の充実、大学等における授業料の減免等や給付型奨学金の創設を含めた大学等奨学金事業の充実等」（一九二・衆・文部科学委員会・四号・二〇一六年一〇月二八日）という形で事業を列記し、必要な財源を確保しつつ「幼児期から高等教育段階までの切れ目のない形での教育費負担軽減」を図るとの言い回しが登場しています（一九二・衆・文部科学委員会・一号・二〇一六年一〇月一四日、所信表明）。

第一九三回通常国会における審議（二〇一七年一―六月）

（1）改憲論に呼応した発言へ

安倍首相が呼応した発言に変わるのは、第一九三回国会においてです。施政方針演説（一九三・衆・本会議・一号・二〇一七年一月二〇日）では、「明治の学制が国民教育の理想を掲げた↓（それから七〇年余り）日本国憲法が普通教育の無償化を定め小中学校九年間の義務教育制度がスタート↓（憲法施行から七〇年）子供たちが夢を追いかけるためには、高等教育もまた全ての国民に真に開かれたものでなければならない↓（次なる七〇年に向かって）未来を生きる世代のため、日本をどのような国にしていくのかの案を国民に提示するため憲法審査会で具体的な議論を」という「七〇年」をキーワードに畳みかける言い回しで、改憲への思いを滲ませています。維新の会の改憲提案に対しても、「敬意を表したい」と答弁するようになっています（一九三・衆・本会議・三号・二〇一七年一月二四日など）。そして、以前から使っていた「我が国の未来、それは子供たち」「教育投資は未来への先行投資」というフレーズを多用し始めるのです。

（2）具体策① 試算と財源案の論議

第一九三回国会の特徴は、教育無償化に係る予算の試算と財源の論議に入ったことでしょう。

維新の会は、第一九二回国会の時点で「三兆七千億円」の試算を示し、「補正予算の一部ないし全部」を回せないかとしていました（一九二・参・本会議・三号・二〇一六年九月二九日）。第一九三回国会では、「零歳児から大学院まで授業料を無償化」した場合として「四兆二三六〇億円」の試算を示し、財源を行政改革、増税、国債によって賄う考えを披露しています（一九三・衆・予算委員会・七号・二〇一七年二月六日）。

一方、松野文科大臣は、「三歳から五歳児の幼稚園、保育所、認定こども園の保育料として約七千億円、公立・私立高等学校、これは全日制でございますが、について高等学校等就学支援金の対象となっていない所得制限を超える層の支給等として約三千億円、国公私立大学の学生納付金としては約三兆一千億円でありまして、これらを合わせると四兆一千億円が追加的に必要になる」との政府側試算を明らかにしています（一九三・参・文教科学委員会・三号・二〇一七年三月九日）。

財源についてさまざまな意見を集約すると、行政改革・歳出削減、予算の組み替え、増税（消費税、相続税、内部留保課税）、国債（自民党：教育国債、民進党：子ども国債）、保険（自民党：子ども保険）などがほぼ出揃った形です。

これらに対して、麻生太郎財務大臣は、教育国債・子ども国債を念頭に「特別な国債」も「名を変えた赤字国債」であり「適切ではない」との考えを示したうえで、「きちんとした財源をもとにした上でやっていく」、「やり続ける」ことが「正しい」と述べています（一九三・衆・財務金融委員会・二号・二〇一七年二月一五日）。

松野文科大臣も、「教育国債の問題、また税制改革の問題、また大胆な行財政改革によるもの等々、各派が御意見を出していただいておりますけれども、更にその御議論をお進めをいただきながら国民の皆様に御理解をしていただき、そしてその延長線上に教育財源に対しての判断をいただくということではないか」と答弁しています（一九三・参・文教科学委員会・三号・二〇一七年三月九日）。

ところで、この第一九三回国会の次に召集された第一九四回臨時国会（二〇一七年九月二八日）の冒頭、衆議院の解散に打って出た安倍首相が持ち出してきた口実の一つが、なんと教育無償化財源でした。消費増税一〇パーセント化による増収分の使途を組み替えて、二兆円規模の財源を教育無償化に回すという強引な手法です。「新しい経済政策パッケージ」はこの具体化であり、「はじめに」で紹介した「安定的な財源の下で提供される必要がある」という心地よい響きの文言は、実は「消費増税」のことだったのです。

（3） 具体策② 高等教育進学と負担軽減

高等教育進学や負担軽減についての質疑が増えたことも、第一九三回国会の特徴です。

松野文科大臣は、OECD（経済協力開発機構）調査と比較しつつ四年制大学の進学率は「決して高いとは言えない状況にある」との認識を示し、「今後の若い世代が活躍していただくために、更に大学進学率というのは一定程度まだ増加をするのではないか」と答弁しています（一九三・参・文教科学委員会・一〇号・二〇一七年五月二三日）。また、都道府県間における大学等進学率、子どもの貧困状態の相違についても、第三期教育振興基本計画の策定に向けて検討を行っていくことを述べていました（一九三・参・文教科学委員会・六号・二〇一七年三月三〇日）。

松野文科大臣は、「我が国の高等教育機関への教育支出は、OECD加盟国平均に比べて公財政支出の割合が低く、私費負担の割合が高い」ということを認めたうえで、「家計の教育費負担軽減を図ることは重要」との認識も表明しています（一九三・衆・本会議・九号・二〇一七年三月九日）。

ただし、「幼児教育は生涯にわたる人格形成の基礎を培う重要なものである」「全ての子供に質の高い幼児教育を提供する」（馳文科大臣所信表明／一九〇・衆・文部科学委員会・一号・二〇一六年三月四日）といった幼児教育無償化の論理立てに対して、高等教育に関しては「大学は国の知的基盤」（松野文科大臣所信表明／一九二・衆・文部科学委員会・一号・二〇一六年一〇月一四日）、「高い能力を持った人材の育成等を通じ、将来の経済成長にもつながり得る」（松野文科大臣答弁／一九三・参・本会議・一一号・二〇一七年三月二九日）というように国家的観点を強調するものとなっています。呼応するように、国債発行を主張する立場からは、「国土の開発」に国債を使ってきたことを念頭に、「国家人材の開発」を強調する質疑が増えているのも特徴的です。

憲法審査会における各党による意見の表明

ところで、第一九三回国会では、教育無償化について、衆議院憲法審査会で「新しい人権等」のテーマの下に各党の意見表明がなされています（一九三・衆・憲法審査会・六号・二〇一七年五月二五日）。

○自由民主党：「能力に応じて」や「ひとしく」と並行して、経済的理由を問わずというような文言を憲法の規定に盛り込むことは、十分に検討に値する。教育無償化については、優先段階や財源について、自民党として一定の方向性を示すことが求められている。

○民進党：憲法事項とすることは、厳に慎むべき。教育無償化は法律事項[7]として、その範囲や財源論を深めていくことが適切なスタートラインである。憲法における人権カタログは、安易に拡散すべきものではない。

○公明党：財源の裏づけがなければ、目標を示すような規定しか置けない。大学や大学院に行かない進路を選ぶ若者も多く存在する中で、一律的な無償化が必要なのか。高等教育の無償化が適切かどうかは慎重な議論が必要。

○日本共産党：今求められているのは、医療、介護、子育てや教育など、暮らしのあらゆる場面で憲法を実現させる政治を行うことであり、憲法を変えることではない。
○日本維新の会：憲法で定めれば、国と地方に立法と予算措置を義務づけることとなり、時の政権の政策変更等の影響を受けずに済む。立法と予算措置に比べて政策の優先順位が上がり、恒久的な無償化の実現が容易となる。
○社会民主党：憲法一三条は将来生起し得る新しい人権にも対応できる根拠であり、明文改憲する必要はない。国際人権規約でも漸進的無償化は認められており、法律の制定と予算措置、時の政権担当者の政策実現意欲で可能。

このように、憲法審査会での立ち位置には「推進」「検討価値あり」「慎重」「反対」まで相当の開きがあります。にもかかわらず、推進派の側においては、未来先行投資論・国家人材開発論の下に、「増税・国債・保険」などの財源確保策を競うムードが醸成されていたことがわかります。

その後、二〇一八年に入って、自由民主党の憲法改正推進本部は財源難などを理由に、教育無償化を改憲案に盛ることを見送っています。[8] 教育無償化改憲論が時事テーマからいったん降りることになり、「教育無償化」新聞記事数（表1、五ページ）も二〇一八年には一〇〇前後のヒット件数に戻っています。

教育無償化の真髄＝合意の形成

二〇一六―一七年に「教育無償化」新聞記事数が急増した背景には、憲法改正論議がありました。幼児教育から高等教育まで無償化を実現するには、現行憲法に教育無償化を書き込むことが必要だというのです。

しかし、ここには三つの落とし穴があります。

第一に、一般に受けの良い教育無償化を「改憲の露払い役」に貶《おとし》めてしまうことです。第二に、「憲法に書き込めば直ちに実現するという錯覚」を広げることになります。第三に、教育無償化という言葉自体が先行すると「教育費をタダにすればよいという誤解」に導きかねません。

そうであってはなりません。子育てや教育に必要な経費について、私費負担を軽減し、公費負担を拡充することは、子育てや教育を社会全体で共同的互恵的に営むことを意味します。単に「タダにすればよい」と自己目的化するのではなく、公費教育の拡充によって社会全体を豊かにしていくという方向性が重要です。これこそが、教育無償化の真髄なのです。

教育無償化を進めるには、幼児教育から高等教育まで含めると四～五兆円かかると試算されています。財源確保の問題[9]を含めて、落ち着いた環境でじっくりと話し合い、立場の違いを超え、粘り強く合意の形成をめざすことが肝要です。知恵を出し合って難問に立ち向かうことが不可欠ですから、国論を二分するような憲法改正や、改正案に賛成か反対かを二択で問う国民投票にはなじまないのです。むしろ弊害のほうが大きいと言わざるをえません。

招かれて教育無償化の講演会にうかがう際に持参する新書があります。更科功『絶滅の人類史：なぜ「私たち」が生き延びたのか』（ＮＨＫ出版、二〇一八年）です。樹上や森林から追われて草原に出ていかざるを得なかった我々の祖先が生き延びたのは、共同で食糧や安全を確保し子育てを営む社会をつくったからだというのです。人類史研究では、直立二足歩行に移行した理由として、捕獲した食物を運搬し、持ち帰って分配するためだという仮説（食料運搬仮説）が優力だというのです。人間の本性を考えるうえで、実に興味深

いことです。(10)

(1)通覧を目的とした本節では、「教育無償化」による完全一致検索でヒット件数を絞り込んだ。

(2)「おおさか維新の会　憲法改正原案」（二〇一六年三月二四日）二ページ。

(3)「幼児教育無償化に関する関係閣僚・与党実務者連絡会議」において定められた二〇一三年基本方向に基づき、幼稚園・保育所・子ども園を包括した無償化である。

(4)「自由民主党　日本国憲法改正草案」（二〇一二年四月二七日）の第二六条［教育に関する権利及び義務等］に追加された第三項「国は、教育が国の未来を切り拓くうえで欠くことのできないものであることに鑑み、教育環境の整備に努めなければならない」（九ページ）にある用語である。

(5)「おおさか維新の会　二〇一六参院選マニフェスト」（二〇一六年六月三日）七ページ。

(6)衆議院トップページ＞立法情報＞議案で閲覧できる。

(7)民進党は独自に「教育の無償化法案」を提出している（衆法第二五号／二〇一七年六月一五日）。

(8)「改憲案に『教育環境整備』／自民本部、無償化は見送り」（神戸新聞二〇一八年二月二二日付朝刊）。

(9)財政学者の佐藤主光は、教育国債や子ども保険は「奇策にすぎない」と指摘している。彼は「教育を社会全体で支える」視点から、「やはり教育財源には税を充てるのがスジだろう。……教育の機会を均等化することで低所得家庭の子どもが低所得に陥る『貧困の連鎖』を断ち切るのが教育財源を充実させる狙いのはずだ。その財源も格差の是正につながることが望ましい。累進的な所得税はその趣旨にかなっている。所得税と教育の組み合わせで格差是正＝再分配を強化できるからだ」と主張している（佐藤主光（二〇一七）「教育無償化の財源は『税金』で」『週間東洋経済』六七二八号、九ページ）。また、公教育財政制度を研究している石井拓児は、「グローバル資本や富裕層への適切な課税措置が、今後の重要な政策課題となるが、とりわけ教育費の積極的な公財政支出を要請する場合、論理的には、累進課税の強化が基本線となろう。受益者負担論は、もとより理論的には正当な根拠をもつものとは言い難いが、教育サービスによる卒業後の『所得増＝受益』に対する対価を負担するのであれば、累進課税を強化することが最も妥当だからである」と喝破している（石井拓児（二〇一七）「戦後日本における教育行政学研究と福祉国家論：福祉国家教育財政研究序説」『教育論叢』（名古屋大学大学院教育発達科学研究所）六〇号、一一ページ）。両氏に筆者も賛同したい。

（10）　三輪定宣（二〇一八）『無償教育と国際人権規約：未来をひらく人類史の潮流』（新日本出版社）も、人類史の視点から無償教育に言及している。なお、私立大学における漸進的無償化については、重本直利（二〇一七）「漸進的無償化プログラムのアジェンダ（行動計画）：私立大学（学校法人）財務の現状から」（日本教育学会第七六回大会ラウンドテーブル報告資料、二〇一七年八月二五日）（漸進的無償化立法を求める会ホームページ〈六八ページ〉の「人権救済申立」コーナー「別添：証拠方法目次ＰＤＦ」から入手可能）を参照されたい。

第三章　韓国の学費負担軽減と無償給食

―市民と進める公費教育の拡充―

「家族負担主義」「高授業料・低補助」の国――韓国と日本

小林雅之氏[1]は、教育費負担の考え方について「東アジアの家族負担主義」、「北欧諸国のような社会負担主義」、英米のような「個人負担主義」の三つに類型化し、「家族負担主義の国」に日本と韓国を位置づけています。また、ＯＥＣＤ調査[2]では、授業料が高いうえに学生支援が不十分という「高授業料・低補助」のグループに、日本、韓国、チリが分類されています。確かに、高等教育への公的支出割合がＯＥＣＤ加盟国のなかで比較できる三三カ国中で、二〇一三年は日本が三二位、韓国は最下位の三三位でした。

登録金半額化の市民運動

皆さんは韓国における学歴競争報道を耳にし、家族が熱心に、または無理をしてまで、高額の学費を負担して大学に進学させ、海外に留学させているというイメージをお持ちではないでしょうか。その韓国から、「大学登録金が半額化されるらしい」というニュースがとどき、二〇一二年の冬に現地訪問しました[3]。

コーディネートしてもらった訪問先の一つが、参与連帯（People's Solidarity for Participatory Democracy／PSPD）でした。参与連帯は、一九九四年に設立された市民運動団体で、「国民の自発的な参与によって国家権力を監視し、具体的な政策とオルタナティブを提示し、実践的な市民行動を通じて自由と正義、人権と福祉が正しく実現する参与民主社会を建設すること」（定款）をめざしています。その参与連帯が関与する形で、韓国では大学登録金半額化が市民運動のテーマになっているというのです（登録金とは、入学金、授業料、期成会費［大学裁量のきく独自収入］をあわせた納付金をさす／その後に期成会費返還訴訟を契機に期成会費が廃止されて授業料に組み込まれ、現在は入学金と授業料になっている）。

具体的には、全国登録金対策ネットワークが二〇〇八年に結成され、民主化闘争二四周年にあたる二〇一一年六月一〇日には、大学生・市民団体・野党による大規模な「半額登録金実現要求ろうそく集会」が開催され、世論を大きく動かしました。

参与連帯の事務処（所）長の安珍傑《アンジンゴル》氏の説明によれば、高学費を納めるために借金した家族が返済できずに自殺するといった痛ましい事件があり、二〇一一年には『狂った登録金の国』という本が緊急出版となりました。また、かつて民主化闘争を担った世代が高校生・大学生を持つ年代となり、同時に老親の介護を担わねばならない苦しい状況もあって、「半額登録金」が一気に市民運動のテーマに拡がったそうです。女優の金麗珍《キムヨジン》さん（「宮廷女官チャングムの誓い」「魔女の法廷」等に出演）は半額登録金を要求するプラカードを掲げての示威行為（一人デモ）をしてくださったそうです。(4)

地方選挙・国政選挙にあたっては各候補者の「半額登録金」への態度を公開し、落選運動まで展開するとのことでした。今の日本でいえば、「市民と野党の連帯・共闘」のテーマの一つに、「学費負担軽減」「教育無償化」がどっしりと位置づくというイメージです。

若者の抱える苦難――スペック競争と三放《サムポ》世代

大学の高学費について、ソウルにある祥明《サンミョン》大学校（韓国では総合大学を「大学校」と表記する）教授で民間機関の高等教育研究所所長の朴巨用《パクコヨン》氏は、ＯＥＣＤ調査では米英の最高位グループに次ぐグループに韓日が位置しているが、韓国の学生は就職のために語学研修や留学の経費がさらにかさむ事情があると解説しています。[5]

図２　大学生のスペック競争

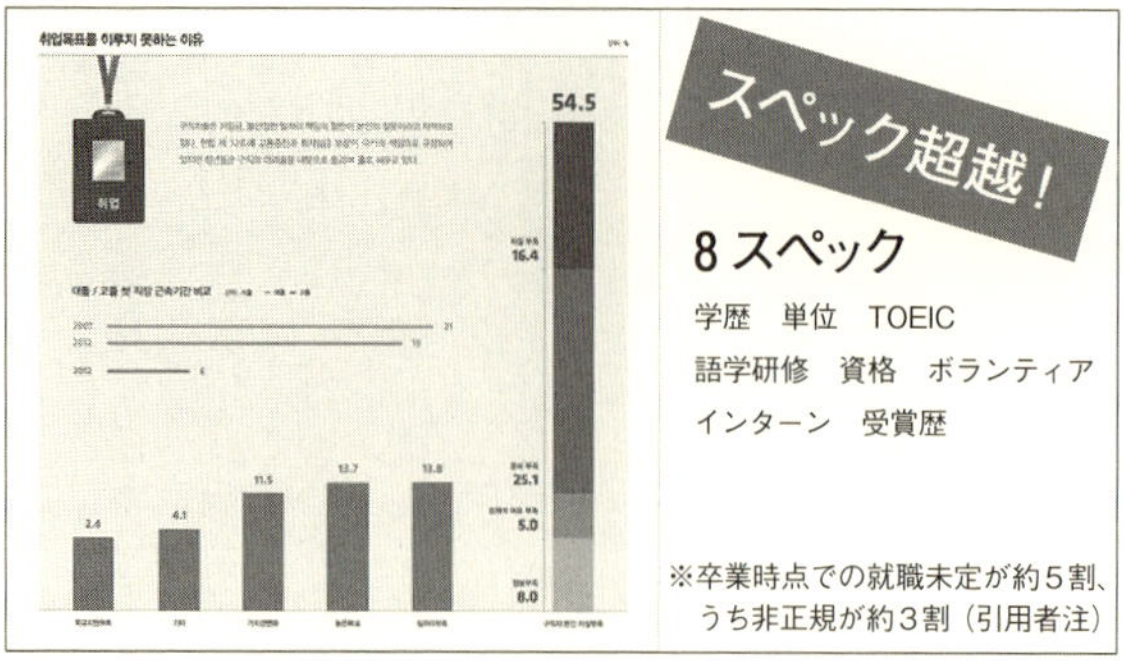

（カン・ヘジン、2015）

大学生の姜恵珍《カンヘジン》さんの報告によれば、韓国では、「学歴、単位（成績）、ＴＯＥＩＣ、語学研修、資格、ボランティア、インターン、受賞歴」の八つを就活で競うスペック競争（図２）が常態化しており、大学を出てもなかなか正規職には就けないというのです。就職ができないのは実力が足りないからと卑下し、せめて外見を良くしようと「就活美容整形」をする青年もいるそうです。[6]

高学費と不安定就労のもとで、韓国の若者は恋愛・結婚・出産を諦め、放棄せざるを得ない「三放世代」と呼ばれ、社会問題化しています。こうした苦難を抱える若者に市民団体が応えて、高学費問題を取り上げるようになった側面もあるようです。運動を牽引した金南槿《キムナングン》弁護士によれば、キーワードは「一石三鳥」でした。すなわち、学費の半額化が実現すれば、学生たちは勉学に専念でき、保護者の負担は半分になり、その分消費も活性化する、という論理です。[7]

二〇一二年大統領選挙と給付型国家奨学金の導入・拡充

学生負担の軽減は二〇一二年末の大統領選挙の論点にもなり、当選した朴槿恵《パククネ》大統領は給付型国家奨学金の導入・拡充に踏み切らざるを得ませんでした。

科研グループでは、「韓国の国家奨学金制度から学ぶ」と題したシンポジウムを開催しました（二〇一六年、東京）。

韓国教育開発院のキム・フンホ（Kim Hoon-ho）研究員の提供資料によれば、所得の階層を一〇段階に区分したうえで、国立私立問わず二〇一六年現在、第一分位（生活保護世帯に該当）～二分位の家庭の学生には上限額の五二〇万ウォン（一〇ウォン＝一円で概算すると約五二万円）が給付されます。韓国の国立大学の平均登録金が約四五万円ですので、国立大学であれば、この奨学金で登録金をまかなうことができます。第三分位は上限額の七五パーセント、第四分位は五五パーセント、第五分位は三三パーセント、第六分位は二三パーセントであり、第七～八分位でも一三パーセント、約六万円が支給されます（高所得の第九～一〇分位は対象外）。ほかに、大学独自の奨学金事業を促す仕組みや多子女の家庭を支援する措置もあります。

受給学生は二〇一一年の約一二万人から一六年の約一二〇万人へと、五年間で一〇倍に増えたそうです（表3、三二ページ）。日本政府が二〇一七年に導入した給付型奨学金が極めて限定的な制度設計であるのに対して、韓国の給付型国家奨学金は短期間に拡充してきたとみてよいでしょう。

登録金の個人負担割合は、二〇一一年の「政府四パーセント、大学一三パーセント、個人八三パーセント」から一六年の「政府二八パーセント、大学二三パーセント、個人四九パーセント」へと飛躍的に軽減さ

表３　国家奨学金制度導入前・後の比較

全体奨学金規模

区分	2011年	2016年
主体別 登録金負担の現況	(政府)0.52兆ウォン(４%) (大学)1.86兆ウォン(13%) (個人)11.65兆ウォン(83%)	(政府)4.01兆ウォン(28%) -国家奨学金 3.65兆ウォン -勤労奨学金 0.25兆ウォン -その他 0.1兆ウォン (大学)3.29兆ウォン(23%) -登録金引き下げ 0.72兆ウォン -奨学金拡充 2.57兆ウォン (個人)6.73兆ウォン(49%)
政府奨学金 受益学生数	約12万人	約120万人
平均登録金	(国公立)435万ウォン (私立)769万ウォン	(国公立)409万ウォン (私立)733万ウォン ＊2015年基準

（キム・フンホ、2016）

れ、朴政権の公約であった「登録金半額化」がほぼ達成されたと、キム研究員は述べています[8]。

これに対して、高等教育研究所のイ・スヨン（Yi Su-yeon）研究員からは、成績基準で除外される学生が少なくないこと、登録金の高い医学系学部や私立大学の学生に対しては補助が不十分であること、登録金自体を抑制する対策が採られていないこと等の課題の指摘がありました[9]。

自治体による支援策――ソウル市立大学校の半額化、江原道立大学の無償化

二〇一一年一〇月の補選でソウル市長に当選した弁護士の朴《パク》元淳《ウォンスン》氏は、参与連帯の事務処《（所）》長を務めていました。なんとソウル市立大学校（四年制総合大学）は、全国に先駆けて二〇一二年度から登録金半額化を実現しました。ご承知のように、ソウルは韓国の首都です。日本でいえば、首都大学東京（東京都立大学）の学費が半額化されたという、実にインパクトのあるお話です。二〇一三年の夏には、ソウル市立大学への調査に出向きました[10]。

さらに注目したのが、冬季オリンピックが開催された地でもある江原道《カンウォン》の動きです。知事選挙で「大学生活の経済的な負担軽減のための支援」を公約に掲げた崔文洵《チェムンスン》知事が、江原道立大学（二年制専門大学）にお

いて無償化を実現したのです[11]。

給付型国家奨学金は学生個人を支援する個人補助方式、ソウル市立大学校は大学本体に資金投入する機関補助方式、江原道立大学は機関補助方式プラス個人補助方式（給付型国家奨学金に給付型道奨学金を上積み）です。学費負担の軽減に向けて、国家の政策と地方の施策をさまざまに工夫して動員する、という韓国の動向は注目に値すると思います。

実は、こうした韓国の動向をヒントに、「漸進的無償化プログラム（高等教育版）」の枠組み（表2、一〇ページ）に、国レベル、都道府県レベル、市区町村レベルなどを設けたのです。

以上、みてきたように、韓国はこの数年間で大きく変貌しました。「高授業料・低負担」のグループから、韓国は抜け出しつつあるのです。

憲法等における権利保障規定

韓国と日本は、教育に関して、憲法や教育基本法の規定が似通っています。韓国で給付型国家奨学金などが拡充された法的な背景を探るために、少し角度を変えて、無償給食に着目したシンポジウムを神戸大学の学術ｗｅｅｋｓの一環として別途開催しました（二〇一六年、神戸）。

○大韓民国憲法

大韓民国憲法の教育条項は、制定（一九四八年七月一七日）当時は第一九条でしたが、第九次改正（一九八七年一〇月二九日／第六共和国憲法）により第三一条（三五ページ）に位置づいています。第一項で「能力に応じて、均等に教育を受ける権利」が定められ、第二項の義務教育規定を受けて、第三項で義務教育の無償が明記されています。義務教育期間は、教育基本法等によって六年の初等教育および三年の中等教育とされています。第一〜三項は日本国憲法の定めに酷似しています。なお、第五〜六項にある「平生教育」は日本の社会教育・生涯教育にあたります。

○教育基本法

憲法第三一条の精神をより具体化する形で、教育基本法（左ページ）が一九九七年一二月一三日に制定され、翌九八年三月一日の新学年度から施行されました。第七条で教育財政の安定的確保施策の樹立・実施義務（国家および地方自治団体）が、第二八条では経済的困難者に対する奨学制度・学費補助制度等の樹立・実施義務（国家および地方自治団体）が規定されています。日本の教育基本法（五三ページ）が、「経済的理由によって修学が困難な者に対して、奨学の措置を講じなければならない」（第四条第三項）と一般的に定めていることと比べると、より具体的な記載になっていることがわかります。

韓国政府は一九九〇年に国際人権A規約を批准していますが、むしろ教育基本法の奨学制度・学費補助制度等の樹立・実施規定が給付型国家奨学金や自治体による支援策の法的基盤となっているのです。

無償範囲の拡大

済州《チェジュ》大学校教授で韓国教育法学会元会長の高鐫《コソン》氏は、「判例や法令により無償の範囲は次第に拡大している」と解説しています。特に興味深いのが、「必須無償費用」の承認です。憲法裁判所が授業料、入学金、学校人件費、施設維持費、新規施設の投資費を「必須無償費用」と判断し、それを踏まえて無償範囲を対象規定する法令化が進んだそうです。具体的には、①授業料と学校運営支援費の徴収禁止、②特定の条件（生

大韓民国憲法（抜粋）

第31条　①　すべての国民は、能力に応じて、均等に教育を受ける権利を有する。

②　すべての国民は、その保護する子女に、少なくとも初等教育及び法律が定める教育を受けさせる義務を負う。

③　義務教育は、無償とする。

④　教育の自主性、専門性、政治的中立性及び大学の自律性は、法律が定めるところにより、これを保障する。

⑤　国は、平生教育を振興しなければならない。

⑥　学校教育及び平生教育を含めた教育制度並びにその運営、教育財政及び教員の地位に関する基本的事項は、法律で定める。

出典：日本語訳は、「韓国 WEB 六法」の「大韓民国憲法」による。
http://www.geocities.jp/koreanlaws/kenpou.html

教育基本法（韓国）（抜粋）

第３条（学習権）　すべて国民は、生涯にわたり学習し、能力と適性によって教育を受ける権利を持つ。

第４条（教育の機会均等）　すべて国民は、性別、宗教、信念、社会的身分、経済的地位、又は身体的条件等を理由に教育において差別されない。

第７条（教育財政）　①　国家及び地方自治団体は、教育財政を安定的に確保するために必要な施策を樹立・実施しなければならない。

②　教育財政の安定的確保のための地方教育財政交付金及び地方教育譲与金等に関して必要な事項は別の法律で定める。

第８条（義務教育）　①　義務教育は６年の初等教育及び３年の中等教育とする。ただし、３年の中等教育に対する義務教育は、国家の財政与件を考慮して大統領令が定めるところにより、順次実施する。

②　すべて国民は、第１項の規定による義務教育を受ける権利を持つ。

第28条（奨学制度等）　①　国家及び地方自治団体は、経済的理由により教育を受けることが困難な者のための奨学制度、学費補助制度等を樹立・実施しなければならない。

②　国家は、教員養成教育を受ける者及び国家が特に必要とする分野を国内・外において専攻研究する者に対し、学費その他必要な経費の全部又は一部を補助することができる。

③　第１項及び第２項の規定による奨学金及び学費補助金等の支給方法及び手続き、支給される者の資格及び義務等に関して必要な事項は大統領令で定める。

出典：日本語訳は、文部科学省ホームページにある「〔仮訳〕韓国教育基本法」による。
http://www.mext.go.jp/b_menu/shingi/chukyo/chukyo8/gijiroku/020501hc.htm

活保護受給家庭、一人親家庭、低所得家庭など）の学生に対する授業料、入学金、給食費、学校運営支援費、教科用図書購入費等、情報通信学習のための教育情報化支援費、進路体験経費などの予算範囲内でのサポートなどです（初中等教育法第一二条④、第六〇条の四、同施行令第一〇四条の二）。

韓国では、義務教育の拡大および非義務教育への無償や支援の拡張も進んでいます。障碍者等に関する特殊教育法（二〇〇七年公布、〇八年施行）は、幼稚園（幼稚部）～高校（高等部）を義務教育とし、さらに三歳未満の障碍乳幼児教育および高校以降の専攻科教育を無償としました。同法の施行令は、入学金、授業料、教科用図書代金、学校給食費は公費負担として、学校運営支援費、通学費、現場・体験学習費などを予算範囲内で負担・補助できることを規定しています。また、乳幼児保育法（二〇〇五年施行）は乳幼児保育の無償ないし保育所・幼稚園を利用しない場合の養育手当の支給を、幼児教育法（二〇〇四年に初中等教育法から分離制定）は就学直前三年間の幼児教育の無償を定めているということです。

高教授は、「無償教育という呼称は適切ではない」とシンポジウムで語りました。教育は相応の経費《コスト》が要るものであり、けっして無償などではない……。教育に必要な経費をいかに公費化していくのか、すなわち「公費教育の拡充」という視点が重要であると話しておられたのが印象的でした。[12]

食生活・食文化の重視と無償給食

朴元淳氏がソウル市長になった二〇一一年のソウル市長補選は、前市長が小中学校の無償給食に所得制限を導入しようとして失敗し辞職したことに伴う選挙でした。韓国社会において無償給食が、市民からの支持を得ている一つの証左といえましょう。

京畿《キョンギ》大学校教授で韓国の無償給食研究の第一人者である河奉韻《ハバンウン》氏[13]によると、給食支援条例を定めている自治体は、二〇一一年現在で、広域自治体（道・特別市・直轄市）一六のすべて、基礎自治体二二八のうちの二〇九（九二パーセント）に及んでいるそうです[14]。

学校給食法（一九八一年）は、第一条において「学校給食を通じた学生の心身の健全な発達を図り、ひいては国民の食生活の改善に寄与することを目的とする」と規定しています。河《ハ》教授は、韓国における学校給食を、①温かく栄養のある食事を提供し子どもの健康と学習能率を向上させ、偏食の矯正など正しい食生活習慣を形成し生涯の健康の基礎を構築し、共同体意識の涵養のための教育の一環、②保護者には弁当の用意の負担を減らし、母親たちの社会活動の参加機会を保障し、子どもには鞄の重さを軽くしてくれるなど、さまざまな面で肯定的な効果が期待される教育福祉施策、として性格づけています。

学校給食法の制定以降、一九九三年〜初等学校給食の拡大、一九九六年〜委託給食制度の導入、二〇〇三年〜特殊学校および初・中・高等学校の全面的な給食実施などを経て、二〇〇五年末には全学校の九九パーセント、子どもの九四パーセントに対して給食を実施するまでに至ったといいます。

そして、二〇一三年度末においては、全国の初・中・高・特殊学校のすべてが学校給食を実施し、全学生九九・五パーセントが学校給食を利用しています。そして、安心安全で温かな給食提供をモットーとする韓国では、直営給食が九八パーセント（委託給食二パーセント）なのだそうです。

このように、教育無償化＝公費教育の拡充において韓国から示唆をうける点は少なくありません。日韓の類似した法制度、教育無償化の進展状況などを国際学会（アジア学術会議第一七回大会、二〇一七年）にポス

日韓における漸進的教育無償化：アジアの将来における人口減少等に抗する一つの SD 戦略として

The 17th Conference of the Science Council of Asia (June 14-16, 2017) Philippine International Convention Center [Poster Code:P2 A34]

Progressive Introduction of Free Education in Japan and Korea: a Strategy for Sustainable Development against Population and Birthrate Decline in the Future of Asian Countries

Akio WATANABE (Kobe University, Japan) 神戸大学

Key-word: Japan, Korea, Right to Education, Constitution, Education Act, ICESCR(Article 13/2/(b)(c)), Skyrocketing Tuition Fee, Progressive Introduction of Free Education, Strategy toward Future for Sustainable Development

Constitution of Japan (1947)

Article 26:

All people shall have the right to receive an equal education correspondent to their ability, as provided by law.

All people shall be obligated to have all boys and girls under their protection receive ordinary education as provided for by law. Such compulsory education shall be free.

Fundamental Law of Education (1947/amended by 2006)Japan

Article 4:(Equal Opportunity in Education)

Citizens shall all be given equal opportunities to receive education according to their ability, and shall not be subject to discrimination in education on account of race, creed, sex, social status, economic position, or family origin. [...].

The state and local public bodies shall take measures to provide financial assistance to those who have, in spite of their ability, encounter difficulties in receiving education for economic reasons.

Article 5:(Compulsory Education)

[...]. No tuition fee shall be charged for compulsory education in schools established by the national and local governments.

Constitution of the Republic Korea (1948/1987)

Article 31:

All citizens shall have an equal right to receive an education corresponding to their abilities.

[...]. Compulsory education shall be free of charge. [...].

Framework Act on Education (1997/2008)Korea

Article 4:(Equal Opportunity of Education)

No citizen shall be treated with discrimination in education for reasons of sex, religion, faith, race, social standing, economic status or physical conditions, etc.

The State and local governments shall prepare and implement policies for minimizing gaps in educational conditions, such as supply and demand of teachers, among the regions to enable learners to gain access to equal opportunities in education.

Article 28:(Scholarships)

The State and local governments shall establish and implement scholarships, educational expense subsidies, etc. for persons who have difficulty in receiving education due to economic reasons.

[...].

International Covenant on Economic, Social and Cultural Rights (ICESCR) 1966

Article 13:Right to Education

2.The States Parties to the present Covenant recognize that, with a view to achieving the full realization of this right:

(a) Primary education shall be compulsory and available free to all;

(b) Secondary education in its different forms, including technical and vocational secondary education, shall be made generally available and accessible to all by every appropriate means, and in particular by the progressive introduction of free education;

(c) Higher education shall be made equally accessible to all, on the basis of capacity, by every appropriate means, and in particular by the progressive introduction of free education;

【Problem of Skyrocketing University Tuition Fees】

Strong Intention to go up Higher Education in Japan and Korea

● Household Income and Educational Expenses

In case of two children enrolled in private universities, educational expenditure accounts for more than half of the average disposable income for a working household. (MEXT White Paper 2009,Japan)

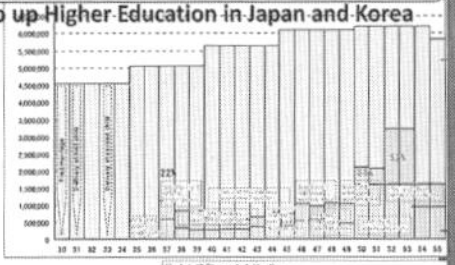

● Both Japan and Korea is in the era of the high tuition fees, but with low support by scholarship. (OECD Indicators 2008)

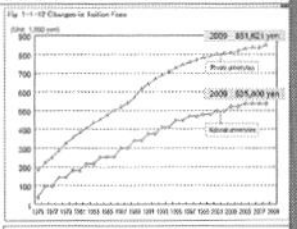

【Extremely Low Total Fertility Rate】

Japan 1.42(2014) Korea 1.21(2014)

France=1.98(2014), Sweden=1.88 (2014)

For Sustainable Development≧2.07

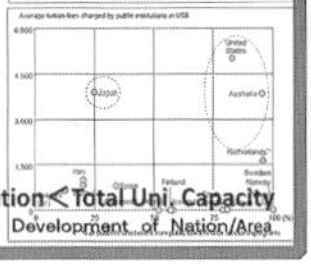

【Population Decline】

Japan 128milion in 2008 ⇒ 87milion in 2060

Korea 50milion in 2015 ⇒ 48milion in 2060

【2018 Problem】 18-years-old Population＜Total Uni. Capacity

⇒Decrease of Youth Number for Sustainable Development of Nation/Area

Progressive Introduction of Free Education

JAPAN: Signature(1978)/Ratification(1979)

*Reservation of article 13/2/(b)(c)

⇒Withdrawal of Reservation(2012)

KOREA: Ratification(1990)

1 **Stage1. Tuition free**

Compulsory Education Level ⇒Free textbook, Free lunch, etc.

Japan: Upper Secondary Education Level ⇒ Tuition free (2010-)

Korea: Higher Education Level ⇒ Expansion of National Scholarship(2012-)

2 **Stage2. Expansion of free education**

Japan, Korea need Strategy toward Future for the Population Growth.

Stage3. Educational expenses free

Recruiting coworkers for study on 科研費 KAKENHI "the progressive introduction of free education" in Asian countries (Tuition free, Scholarship, Free textbook, Free meal, etc. in Primary, Secondary and Higher Edu.) Grants-in-Aid of JSPS(2015-2017)

Please Contact Us! akiowtnb@port.kobe-u.ac.jp

（渡部昭男、2017）

ター投稿した際に、物価上昇率をはるかに超えた異常な日本の学費高（急）騰をSkyrocketing University Tuition Feeと訳してみました。

（1）小林雅之（二〇一二）『教育機会均等への挑戦：授業料と奨学金の八カ国比較』東信堂、二六―二七ページ。
（2）齋藤千尋・榎孝浩（二〇一五）「諸外国における大学の授業料と奨学金」『調査と情報』八六九号、一―一四ページ。OECD（二〇一四）『図表でみる教育：OECDインディケータ（二〇一四年版）』明石書店、三〇一―三〇四ページ。
（3）渡部昭男・日永龍彦・望月太郎（二〇一二）「高等教育における『無償教育の漸進的導入』に係る韓国の動向」『龍谷大学社会科学研究年報』四二号、二二三―二三〇ページ。
（4）アン・ジンゴル（二〇一二）「韓国における大学登録金半額化の市民運動」報告、第一回日韓シンポジウム（二〇一二年八月三一日、京都、テーマ「無償教育の漸進的導入」）、大学評価学会（二〇一三）『高等教育における「無償教育の漸進的導入」：授業料半額化への日韓の動向と連帯』晃洋書房、八三―九五ページ。
（5）パク・コヨン（二〇一二）「韓国高等教育の公共性の水準と登録金負担軽減策」報告、同前、同書九七―一一五ページ。
（6）カン・ヘジン（二〇一五）「韓国の青年たちの事情」報告、第三回日韓シンポジウム（二〇一五年二月二七日、神戸、テーマ「ソウル市および韓国における教育と青年をめぐる動向」）、渡部昭男（二〇一六）「韓国における半額登録金運動と国家奨学金制度：第三回及び第四回日韓シンポジウムの概要」『教育科学論集』一九号、一―一六ページ。
（7）キム・ナングン（二〇一五）「韓国の市民社会は『なぜ』半額登録金運動を展開したのか」報告、同前。
（8）キム・フンホ（二〇一六）「韓国国家奨学金制度の導入目的及び現況」報告、第四回日韓シンポジウム（二〇一六年一月二三日、東京、テーマ「韓国の国家奨学金制度（給付型・所得連動型）から学ぶ」）、前掲「韓国における半額登録金運動と国家奨学金制度：第三回及び第四回日韓シンポジウムの概要」所収。
（9）イ・スヨン（二〇一六）「韓国の国家奨学金制度：現況と問題点」報告、同前。
（10）渡部昭男（二〇一四）「韓国における登録金半額化と大学の在り方：ソウル市立大学を事例に」細川孝編『「無償教育の漸進的導入」と大学界改革』晃陽書房、二九―五一ページ。
（11）渡部昭男・渡部容子・桔川純子（二〇一七）「韓国における登録金減額化と大学の在り方：江原道立大学を事例に」『大

学評価学会年報』一三号、一〇二―一一二ページ。
(12) コ・ソン(二〇一六)「韓国における子どもの権利保障と無償教育」報告、神戸大学大学院人間発達環境学研究科学術Weeks二〇一六(二〇一六年一一月一二日、神戸、テーマ「韓国における給食事情&無償給食:比較教育・教育法の視点から」)、渡部昭男(二〇一七)「韓国における無償給食:学術Weeks二〇一六シンポジウム企画の要点」『教育科学論集』二〇号、三九―四四ページ。
(13) ハ・バンウン(二〇一六)「韓国における学校給食費支援制度の現況と課題」報告、同前。
(14) 一方、日本では、二〇一七年度の文科省調査によると、一七四〇調査自治体のうち、学校給食費について小中学校ともに無償が七六、小学校のみが四、中学校のみが二となっている(一九七・参・文教科学委員会・六号・二〇一八年一二月六日、永山賀久政府参考人)。なお、日本の給食については、藤原辰史(二〇一八)『給食の歴史』岩波書店(新書)、が面白い。

第四章　明治以降の近代教育の実相　―能力・貧困による教育機会からの排除・放置―

日本初の学区制小学校はコミュニティセンターだった（京都番組《ばんぐみ》小学校）

四条河原町の近く（京都市下京区御幸町通仏光寺下る）に、京都市学校歴史博物館があります。常設展示室に入ってすぐが京都の学校の歴史を映像で紹介するコーナーです。京都から東京に政府を移した奠《てん》都の年である明治二（一八六九）年、京都を復興しようと自治組織の「番組」（通し番号を付けて従来の町組を再編）によって六四校の小学校がつくられたそうですから、驚きです。しかも面白いことに、一階の男筆道場、女筆道場といった教室に加えて、二階には広間（講堂）、屋上には望《ぼう》火《か》楼《ろう》（火見櫓《やぐら》）や時刻を知らせる鼓《こ》楼《ろう》が設けられたところもあります。すなわち、番組小学校には、「学校としての機能だけでなく、町組《ちょうぐみ》会所、さらに徴税、戸籍、消防、警察、府兵駐屯地などが設置」され、「地域のコミュニティセンターであることに加え、地域のシンボルにもなった」というのです。(1) 実は博物館自体が、元京都市立開智《かいち》小学校（明治二年六月に下京第一一番組小学校として開校）の施設を改修整備して開設されています。

本章では、「明治一五〇年」キャンペーンにちなんで、近代国民国家への第一歩を踏み出した明治以降、昭和戦前期までの日本の学校教育のあゆみを、「教育機会からの排除・放置」の視点から追ってみようと思います。

就学督責と不就学事由の明示

「邑《むら》に不学の戸《こ》なく家に不学の人なからしめん事を期す」、国民皆学を旨としたこの学制（明治五〈一八七二〉年、太政官布告第二一四号）の一文を習った覚えがあるという読者は少なくないでしょう。しかし、町衆が創った京都の例とは異なり、国家による強制では思うようにはいきません。時代転換の混乱はまだ続いており、明治一〇（一八七七）年には西南戦争が起こっています。学校教材用のウェブサイト「NHK for School」の短編教材は、「学制では、学校の建設や授業料が住民の負担とされた事などから、なかなか就学率は上がりませんでした。男子が約六割、女子はやっと二割を超えるほどだったのです」と解説しています。[2]

国家統制を緩め、教育の管理を地方に委ねようとした教育令（明治一二〈一八七九〉年）がいったんは出ますが、明治一三（一八八〇）年の改正教育令（太政官布告第五九号）では、「已《や》ムヲ得サル事故」のない限り学齢児童を小学科三箇年の課程が卒《おわ》るまでは少なくとも毎年一六週日以上就学させるべき（第一五条）という規定となります。そして、翌明治一四年の就学督責《とくせき》規則起草心得では、「就学スル能《あた》ハサル事故」として、貧困と疾病《しっぺい》・障害が明示されます。すなわち、「一家貧窶《ひんる》ノ者」「親族疾病ニ罹リ他ニ看護ノ人ナキ者」「疾病」「廃疾」等（順不同）です。[3]

就学義務の強化と就学猶予・義務免除制度の確立

明治一九（一八八六）年に出された小学校令（勅令第一四号）は、「児童六年ヨリ一四年ニ至ル八箇年ヲ以テ学齢トシ父母後見人等ハ其学齢児童ヲシテ普通教育ヲ得セシムルノ義務アルモノトス」（第三条）というように就学義務を定める一方で、「疾病家計困窮其他止ムヲ得サル事故ニ由リ児童ヲ就学セシムルコト能ハスト認定スルモノ」には、期限付きで就学猶予が許可できること（第五条）を規定しています。

明治二二（一八八九）年公布、翌年施行の大日本帝国憲法では、兵役（第二〇条）と納税（第二一条）の義務が定められ、憲法には規定がないものの義務教育を含めて、国家に対する臣民の三大義務とされます。そして、明治二三（一八九〇）年には「教育ニ関スル勅語」が発布されます（昭和二三〈一九四八〉年廃止）。同年に出された小学校令（勅令第二一五号）は、「児童満六歳ヨリ満十四歳ニ至ル八箇年ヲ以テ学齢トス」「学齢児童ヲ保護スヘキ者ハ其学齢児童ヲシテ尋常小学校ノ教科ヲ卒ラサル間ハ就学セシムルノ義務アルモノトス」（第二〇条）としたうえで、「貧窮ノ為又ハ児童ノ疾病ノ為其他已ムヲ得サル事故ノ為学齢児童ヲ就学セシムルコト能ハサルトキハ学齢児童ヲ保護スヘキ者ハ就学ノ猶予又ハ免除ヲ市町村長ニ申立ツヘシ」（第二一条）と定めています。就学猶予に加えて免除が登場しますし、保護者による申立て制でありながら、必要な時には市町村長が保護者への「検査」ができること（第二一条）にまで及んでいます。

この仕組みが完成をみるのは、明治三三（一九〇〇）年の小学校令改正（勅令第三四四号）においてです。以下に、第三三条を掲げておきます（太字処理は引用者）。

学齢児童瘋癲《ふうてん》白痴又ハ不具癈疾《はいしつ》ノ為就学スルコト能ハスト認メタルトキハ市町村長ハ監督官庁ノ認可ヲ受ケ学齢児童保護者ノ義務ヲ免除スルコトヲ得

学齢児童病弱又ハ発育不完全ノ為就学セシムヘキ時期ニ於テ就学スルコト能ハスト認メタルトキハ市町村長ハ監督官庁ノ認可ヲ受ケ其ノ就学ヲ猶予スルコトヲ得

市町村長ニ於テ学齢児童**保護者貧窮**ノ為其ノ児童ヲ就学セシムルコト能ハスト認メタルトキ亦前二項ニ準ス

保護者による申立制の記述はなくなり、随分と上から目線の定めです。要するに、病弱等が就学猶予、障害（「瘋癲白痴・不具廃疾」、今は使用しなくなった歴史的用語）が就学義務免除、貧困がいずれか、となります。「ある特定の人々を教育機会から排除・放置する法制枠組み」が、ここに整ったといえましょう。

横山源之助がみた児童労働の実態

明治三〇年代の児童労働の実態について、横山源之助の『日本之《の》下層社会』（一八九九年）は、次のように報告しています。

総じていずれの燐寸《まっち》工場においても見ることとなるが、他の工場に比して細民の児女多く、しかして職工に幼年者を見るは燐寸工場なりとす。職工の過半は十歳より十四、五歳の児童なり、中には八歳なるもあり、甚だしきは六、七歳なるも見ること多し。特に軸並職工の如きその七、八部までは十歳未満、世間の児童は学校にはいりいろはを習うに苦しめるを燐寸工場の児童は軸並枠の間に挟まり、左右をきょろきょろ眺めながら軸木を並べつつあるなり。けだし日本の各種工業のうち、幼年職工を使役すること多きは燐寸工場と段通《だんつう》工場の二者か。(4)

貧困家庭の子どもたちが、燐寸や絨毯《じゅうたん》の工場を居場所とし多数働いているというのです。『日本之下層社会』の巻末には、付録として「日本之社会運動」が収録されています。横山は貧困問題を「社会運動」「社会問題」の視点から捉え、解決の手掛かりとして生活資金を融通する機関（融通機関）の設置を提案し、「貧民学校を起すべし」と檄《げき》を飛ばしています。

その生活に思慮を欠き貧民の児は同じく貧民として一生涯をおわり身を洗うことあたわざる、また偶然にあらざるなり。ここにおいて授業料全廃論出づ。余輩また満腹の同情を以てこれに賛成する者なり。しかれども余輩は自由教育（無償教育――引用者注）を実施する前に、先ず貧民のために特に貧民学校を起こすの議を唱えんとす。(5)

文部行政としては、明治三三（一九〇〇）年の小学校令改正において、「尋常小学校ノ教科ヲ修了セサル学齢児童ヲ雇傭スル者ハ其ノ雇傭ニ依リテ児童ノ就学ヲ妨クルコトヲ得ス」（第三五条）としたうえで、「簡易便宜ノ方法ニ依リ其ノ雇傭スル児童ニ教育ヲ施サシメン」ことを推奨しています。(6)一方、労働行政としては、明治四四（一九一一）年公布の工場法（法律第四六号、大正五〈一九一六〉年施行）において、原則として（常時一五人以上の職工を使用する場合など）一二歳未満の年少者の就業禁止を規定しています。そして、大正一二（一九二三）年の工業労働者最低年齢法では、原則一四歳未満となります。(7)

そうした規制が実現し受け入れられた背景には、単純労働からの転換が進むなかで、労働現場がすでに労働力として無学の児童を必要としなくなりつつあったこともあるでしょう。求められる人材が、読み書き計算のできる労働者に変わっていくのです。

児童保護事業における義務教育機会拡充への機運

文部行政が排除した子どもたちを受け止めたのは、児童保護事業・社会事業でした。教育学者の留岡清男（一八九八―一九七七年）は、戦前の児童保護事業について、「従来文部省が義務教育から振落して平然たりし就学猶予及免除の児童を慈善的に拾上げて保護して来た内務省が、積極的に義務教育の圏内に立入って、学童の保護問題にも関与せねばならなくなったのであ」り、「我国の児童保護のイニシアチーブは、常にレディーメードの形に於て若くはイージイオーダーの形に於て、社会事業の手から学校教育の手に極めてわずかながら委譲される傾向を追ってゐるのである」と指摘しています。(8)

大正年間に成立する児童保護事業は、就学猶予・免除対象児を受け止めることで義務教育制度の欠陥を補うとともに、事業確立の思想的基盤となった「社会連帯」思想に立って、義務教育機会拡充の論陣を張りました。すなわち、人間社会が有機的組織体として存在する限りにおいて社会構成員は社会的損益に相互扶助的な「社会連帯責任」を有し、国家もまた例外ではなく、「社会連帯責任」のうち「法律制定の下に普遍的に実施するを必要とするもの」を分担しなければならないというのです。そして、「社会連帯」思想の背後にある人権思想に基づいて、児童にとって教育を単に自然権的なものではなく社会権的なものとして位置づけようと試みます。しかし、天皇を頂点とする「家族国家」観が強いなかで、天皇を頂点とする縦の従属性と同時に横の同一性、すなわち臣民としての同等性を説くことによって、国民皆学を「聖旨《せいし》」と捉え、教育機会は「聖代の恩沢」として「赤子《せきし》」が同等に浴しうるものであらねばならないとの主張に重なっていきます。(9)

「保護者貧窮」事由の削除

明治三三年小学校令改正から四〇年余り後の昭和一六（一九四一）年、国民学校令において「保護者貧窮」が猶予免除の事由から削除されます。「教育を受ける権利」規定がない大日本帝国憲法の下でも変化があったという、大変興味深い事実です。国民学校令は、戦後の学校教育法（昭和二二〈一九四七〉年、法律第二六号）を準備した側面もあり、類似した条項も少なくありません。その一つが、就学させる義務の猶予・免除規定です（太字処理は引用者）。

○国民学校令

第九条　前条ノ規定ニ依リ就学セシメラルベキ児童（学齢児童ト称ス以下同ジ）ノ瘋癲白痴又ハ不具癈疾ノ為之ヲ就学セシムルコト能ハズト認ムルトキハ市町村長ハ地方長官ノ認可ヲ受ケ前条ニ規定スル保護者ノ義務ヲ免除スルコトヲ得

2　学齢児童ノ**病弱又ハ発育不完全其ノ他已ムヲ得ザル事由**ニ依リ就学時期ニ於テ之ヲ就学セシムルコト能ハズト認ムルトキハ市町村長ハ其ノ就学ヲ猶予スルコトヲ得此ノ場合ニ於テハ直ニ其ノ旨地方長官ニ報告スベシ

○学校教育法

第二三条　前条の規定によって、保護者が就学させなければならない子女（以下学齢児童と称する。）で、病弱、**発育不完全その他やむを得ない事由**のため、就学困難と認められる者の保護者に対しては、市町村立小学校の管理機関は、監督庁の定める規程により、教育に関し都道府県の区域を管轄する監督庁（以下都道府県監督庁と称する。）の認可を受けて、前条第一項に規定する義務を猶予又は免除することができる。

貧困の事由は削除されたままで継続され、障害による就学義務免除規定は廃棄されますが、就学させる義務の猶予・免除の事由としては「病弱、発育不完全その他やむを得ない事由」として引き継がれています。

このことを戦前から戦後への遺産ないし遺物、当時の到達点として押さえておくことが必要です。

「貧困」事由はなぜ外れたのか

教育機会から排除・放置する仕組みにおいて、「貧困」事由がなぜ国民学校令で外されたのでしょうか。

一つには、義務教育が臣民の対国家義務である「反射」として（権利としてではないとしても）、義務教育費の国庫負担や就学奨励策が一定程度進んだことを挙げることができます（大正七〈一九一八〉年市町村義務教育費国庫負担法、昭和三〈一九二八〉年学齢児童就学奨励規程など）。

二つには、家族・親族・地域扶助に頼れない者限定の慈恵として哀れみ救う恤救《じゅっきゅう》策から、救貧防貧ないし健民健兵策へと変わってきたことがあります（明治七〈一八七四〉年恤救規則から、昭和四〈一九二九〉年救護法〈一九三二年施行〉、昭和一二〈一九三七〉年母子保護法）。

三つには、国家総力戦の国策のもと、皇国民《こうこくみん》錬成が可能な者は教育対象に、不可能な者は不就学に振り分けられたのです。

国家は国家人財（労働力、兵士など）を養成する観点から、教育対象者を選別してきたことを歴史は物語っています。また、能力・貧困による教育機会からの排除・放置は、戦後に持ちこされるとともに、義務教育以降の後期中等教育・高等教育の権利保障を妨げることにつながっていくのです。

（1）和崎光太郎（二〇一五）「京都番組小学校にみる町衆の自治と教育参加」坪井由実・渡部昭男編『地方教育行政法の改定

と教育ガバナンス』三学出版、七四—八七ページ。

（2）ＮＨＫ「学制公布」http://www2.nhk.or.jp/school/movie/clip.cgi?das_id=D0005403073_00000

（3）荒井明夫「近代学校の組織化に関する地域史研究：就学行政の『勧奨』と『督責』の構造化」https://kaken.nii.ac.jp/ja/grant/KAKENHI-PROJECT-26285181/

（4）横山源之助（一九八五、改版発行）『日本の下層社会』岩波書店（文庫）、一六二—一六三ページ。

（5）同前、三八一ページ。

（6）文部省訓令第一〇号「小学校令改正並小学校令施行規則発布ニ関スル件」一九〇〇年。

（7）田中勝文（一九六七）「児童労働と教育：とくに一九一一年工場法の施行をめぐって」『教育社会学研究』二二巻、一四八—一六一ページは、一九一一年の工場法は、「児童の労働保護的機能を充分に発揮しえたとはいえない」が、「いわば貧民学校系統の学校をより発達させることにこの工場法は貢献したのである」と述べている。谷敷正光（二〇〇七）「工場法、改正工場法の制定と学齢児童労働者：綿糸紡績業を中心に」『駒澤大学経済学論集』三八巻三号、二九—六五ページは、「工場《ママ》労働者最低年齢法、改正工場法の施行によって一四歳未満の雇用が禁止され、大正七年には約八万人いた学齢児童労働者は昭和二年には一、五〇五人へと激減した」と記載している。元森絵里子（二〇一一）「労働力から『児童』へ：工場法成立過程からとらえ直す教育的子ども観とトランジションの成立」『明治学院大学社会学・社会福祉学研究』一三六号、二七—六七ページは、「『児童労働』は自営農業などを中心に残り続けるが、近代的な制度領域である学校と工場、教育の領域と労働の領域は、ひとを年齢で分けて受け渡していく仕組みを確立したのである」と考察している。

（8）留岡清男（一九三五）「児童保護に於ける文政型と恤救型」『教育』三巻一二号、一八—三五ページ。

（9）渡部昭男（一九七九）「戦前日本の児童保護事業における義務教育機会の保障理念の生成：内務行政官の主張の分析を中心に」『教育学研究』四六巻四号、三六—四五ページ。

第五章　能力・貧困から必要・幸福追求へ
―個々人の全面的に開かれた自由な発達―

人権保障と統治構造の原理的転換

国民学校令が戦後の学校教育法を準備したこと、制度的に連続性がみてとれることを述べました。しかし、類似した制度であるからこそ、制度運用の根底にあるべき、日本国憲法（五二ページ）誕生による人権保障と統治構造の原理的転換をきちんと押さえておく必要があります。

大学でテキスト指定している米沢広一『憲法と教育一五講』は、論争的な一五の教育問題を採り上げて憲法学から解説をしています。高校等から進学したばかりの共通教育受講生には、「憲法と教育」という切り口が新鮮なようで、「高校や中学のときに出会って読みたかった本」といった評判を得ています。

同書は、「日本国憲法の制定により、人権保障のあり方と統治の構造が大転換を遂げ、その下で、教育に関する立法、行政、裁判も大きく変化した[1]」という文章で始まります。同書を参考にしつつ、人権保障と統治構造の原理的転換を、以下の五点にまとめました。

①天皇主権から、国民主権へ
②恩恵としての臣民権から、基本的人権の保障へ
③軍国主義・帝国主義から、平和主義へ

④天皇の統治権を補佐する機関相互間分立から、立法・行政・司法の権力分立および地方自治制へ
⑤専断的な国家権力の行使から、政治権力の行使を上位法に基づかせる法の支配へ

日本国憲法・教育基本法をあらためて読んでみよう

(1) その能力に応じて、ひとしく――日本国憲法第二六条

日本国憲法第二六条は、「法律の定めるところにより、その能力に応じて、ひとしく教育を受ける権利を有する」と規定しました。対国家義務であった教育が、基本的人権の一項目になったことは実に大きな転換です。また、勅令ではなく、法律によることになりました（法律主義）。

(2) 経済的地位によって教育上差別されない――教育基本法第四条

教育基本法（五三ページ）の現行第四条（旧第三条）は、「ひとしく、その能力に応じた教育を受ける機会を与えられなければならず」ないとしたうえで、日本国憲法第一四条が差別禁止事由に掲げる「人種、信条、性別、社会的身分又は門地」に加えて、「経済的地位……によって、教育上差別されない」ことを明記しています。同条第三項（旧第二項）では、「国及び地方公共団体は、能力があるにもかかわらず、経済的理由によっ〔つ〔旧法〕〕て修学が困難（修学困難）な者に対して、奨学の措置（方法）を講じなければならない」と定めています（かっこは引用者の補足）。

「法の下の平等」および「教育を受ける権利」の基本的人権としての位置づけ、教育基本法への経済的地位の追記、修学困難者への奨学規定は、歴史的な転換事項であったといえましょう。

日本国憲法（抜粋）

1946年11月３日公布、1947年５月３日施行

第11条　国民は、すべての基本的人権の享有を妨げられない。この憲法が国民に保障する基本的人権は、侵すことのできない永久の権利として、現在及び将来の国民に与へられる。

第13条　すべて国民は、個人として尊重される。生命、自由及び幸福追求に対する国民の権利については、公共の福祉に反しない限り、立法その他の国政の上で、最大の尊重を必要とする。

第14条　すべて国民は、法の下に平等であつて、人種、信条、性別、社会的身分又は門地により、政治的、経済的又は社会的関係において、差別されない。

２・３項略

第19条　思想及び良心の自由は、これを侵してはならない。

第21条　集会、結社及び言論、出版その他一切の表現の自由は、これを保障する。

２項略

第23条　学問の自由は、これを保障する。

第25条　すべて国民は、健康で文化的な最低限度の生活を営む権利を有する。

２　国は、すべての生活部面について、社会福祉、社会保障及び公衆衛生の向上及び増進に努めなければならない。

第26条　すべて国民は、法律の定めるところにより、その能力に応じて、ひとしく教育を受ける権利を有する。

２　すべて国民は、法律の定めるところにより、その保護する子女に普通教育を受けさせる義務を負ふ。義務教育は、これを無償とする。

第27条　すべて国民は、勤労の権利を有し、義務を負ふ。

２項略

３　児童は、これを酷使してはならない。

第89条　公金その他の公の財産は、宗教上の組織若しくは団体の使用、便益若しくは維持のため、又は公の支配に属しない慈善、教育若しくは博愛の事業に対し、これを支出し、又はその利用に供してはならない。

第92条　地方公共団体の組織及び運営に関する事項は、地方自治の本旨に基いて、法律でこれを定める。

第97条　この憲法が日本国民に保障する基本的人権は、人類の多年にわたる自由獲得の努力の成果であつて、これらの権利は、過去幾多の試錬に堪へ、現在及び将来の国民に対し、侵すことのできない永久の権利として信託されたものである。

第98条　この憲法は、国の最高法規であつて、その条規に反する法律、命令、詔勅及び国務に関するその他の行為の全部又は一部は、その効力を有しない。

２　日本国が締結した条約及び確立された国際法規は、これを誠実に遵守することを必要とする。

出典：電子政府 e-Gov ホームページ　http://elaws.e-gov.go.jp/search/elawsSearch/elaws_search/lsg0500/detail?lawId=321CONSTITUTION

教育基本法（抜粋）

2006年12月22日公布・施行（法律第120号）

第１章　教育の目的及び理念

（教育の目的）

第１条　教育は、人格の完成を目指し、平和で民主的な国家及び社会の形成者として必要な資質を備えた心身ともに健康な国民の育成を期して行われなければならない。

（教育の機会均等）

第４条　すべて国民は、ひとしく、その能力に応じた教育を受ける機会を与えられなければならず、人種、信条、性別、社会的身分、経済的地位又は門地によって、教育上差別されない。

2　国及び地方公共団体は、障害のある者が、その障害の状態に応じ、十分な教育を受けられるよう、教育上必要な支援を講じなければならない。

3　国及び地方公共団体は、能力があるにもかかわらず、経済的理由によって修学が困難な者に対して、奨学の措置を講じなければならない。

第２章　教育の実施に関する基本

（義務教育）

第５条　国民は、その保護する子に、別に法律で定めるところにより、普通教育を受けさせる義務を負う。

2・3項略

4　国又は地方公共団体の設置する学校における義務教育については、授業料を徴収しない。

（大学）

第７条　大学は、学術の中心として、高い教養と専門的能力を培うとともに、深く真理を探究して新たな知見を創造し、これらの成果を広く社会に提供することにより、社会の発展に寄与するものとする。

2　大学については、自主性、自律性その他の大学における教育及び研究の特性が尊重されなければならない。

（私立学校）

第８条　私立学校の有する公の性質及び学校教育において果たす重要な役割にかんがみ、国及び地方公共団体は、その自主性を尊重しつつ、助成その他の適当な方法によって私立学校教育の振興に努めなければならない。

（幼児期の教育）

第11条　幼児期の教育は、生涯にわたる人格形成の基礎を培う重要なものであることにかんがみ、国及び地方公共団体は、幼児の健やかな成長に資する良好な環境の整備その他適当な方法によって、その振興に努めなければならない。

出典：電子政府 e-Gov ホームページ　http://elaws.e-gov.go.jp/search/elawsSearch/elaws_search/lsg0500/detail?lawId=418AC0000000120&openerCode=1

それにしても、シンプルに「ひとしく教育を受ける権利を有する」では、まずかったのでしょうか。日本国憲法が施行されて八年後（一九五五年）、宮澤俊義『日本国憲法コンメンタール篇』は、次のように解説していました[2]。

「その能力に應じて」とは、教育を受けるに適するかどうかの能力に應じて、の意である。したがつて、各學校でその性質に應じて入學試験を行い、合格者だけを入學させるのはさしつかえないが、教育を受ける能力と無関係な事情―財産・家庭など―を理由に入學を拒否することは、許されない。

「ひとしく」は差別なく、の意である。教育を受けるに必要な能力（學力・健康など）によつて差別されるのは當然であるが、それに関係のない理由―「人種、信條、性別、社会的身分、経済的地位又は門地」（教育基本法三條）―によつては、差別されない。……國は、能力はあるが、經濟的理由によつて修學困難な者に對して、奨學の方法―育成制度など―を講ずる義務がある（教育基本法三條二項）。

……もつとも、子女が病弱・發育不完全等の理由のため、この義務を猶豫または免除することがみとめられるし（同二三條）、また、小學校設置の義務を免除された區域内でもその義務が免除される（同二四條）が、いずれも當然であり、あえて本項に反するわけではない。

「その能力に応じて」による権利侵害

能力差別および就学猶予免除を「当然」とする解釈が一般的でしたので、基本的人権を定めた日本国憲法のもとにあっても、障害児は戦前同様に教育機会を奪われました。その状態を変えたのは、実践創造の営みと権利保障の運動でした。

障害児の教育権保障運動

筆者が京都大学に入学した際（一九七三年）、時計台のある建物で健康診断がありました。入場までに長い列ができ、クラブやサークルの新入生勧誘が行われていました。詳しい事情は覚えていないのですが、気がつけば「障害児教育研究会」に属していました。入学当時、未就学不就学障害児をなくす権利保障運動が全国に広がっており、京都教育大サークルどろんこ等とも連絡しあって、京都の学生たちで手分けして「実態調査、親の会づくり、自主教室開催」が進んでいました。京大サークルは左京区担当です。愛称ロシナンテ号という中古車に乗り込んで先輩とともに家庭訪問をし、左京区障害児親の会を立ち上げ、修学院離宮近くの会館で月一回の自主教室を開催しました。保護者さんからは、不就学の経緯や苦労などいろいろと教えていただきました。

一九七三年の秋には、「養護学校教育義務化予告政令」が出され、一九七九年度からの義務制実施の準備が進行中、という時代背景でした。

京都大学では、中学校・高等学校の教諭免許状が取れました。教育学部のEコース（教育行政学）の所属であったので、法学部・経済学部等の関連科目を含めると社会科免許が取得でき、加えて養護学校の免許状も取得可能でした。矢川徳光『教育とはなにか』（新日本出版社、一九七三年）という新書本に、京都府北部における十余年にわたる障害児の権利保障、学校づくりの取り組みが紹介されていました。どんな地域、どんな学校なのだろうと興味を持ち、大学四回生の夏休みに、天橋立近くにある府立与謝の海養護学校（一九六九年開設、現・与謝の海支援学校）での教育実習が実現しました。

急な坂道を登り切った入口のところに、「ぼくらの学校」という門柱があります（写真／筆者撮影）。そして、先生と子どもたちが創作した校歌（に準じた扱い）「ぼくらの学校」がとてもユニークです。「♪おとうさん／おかあさん／せんせい／ちいきのひとたちが／しょめいあつめて／ようきゅうにいった～……♪」（写真／筆者撮影）と、学校づくりのプロセスが歌になっているのです。(3)

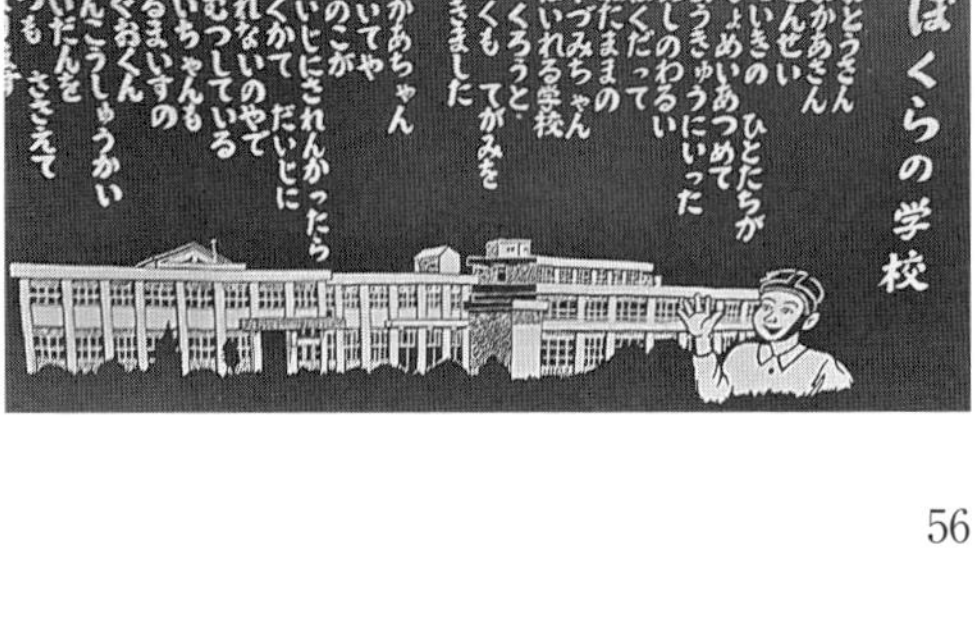

発達保障の思想と実践創造

「発達保障」は、滋賀県にある近江学園（一九四六年創設）で、一九六一年に提起された考え方です。

一九六〇年代当時、障害児は学校に行きたい（行かせたい）希望があっても、就学判別基準によって、障害の種類や程度に応じて「通常学級、特殊学級、盲・聾・養護学校、就学猶予、就学免除」に判別されていたのです。このような教育行政による不就学措置は、公権力による権利侵害です。

こうした状況に対して、不就学となった障害児を受け入れて実践創造に粘り強く取り組んだのが、児童福祉の関係者でした。近江学園では、どのように重い障害児も変容・発達するという事実を記録し、それを「発達保障」として世に発信していきます。園長の糸賀一雄（一九一四―六八年）は、「発達保障の考え方」

として、「この子らが自ら輝く素材そのものであるから、いよいよ磨きをかけて輝かそうというのである。『この子らを世の光に』である。この子らがうまれながらにしてもっている人格発達の権利を徹底的に保障せねばならない」[4]と述べています。

なんと、サークル障害児教育研究会の顧問であった田中昌人先生は、京都大学着任前は近江学園研究部で仕事をしており、糸賀園長とともに「発達保障」の思想と実践を創ってきたメンバーの一人でした。

筆者は、学部卒業後に大学院に進み（一九七七年）、五年間過ごした後に、鳥取大学に職を得ることができました（一九八二年）。教育行政学での求人はなく、京都大学の大学院生には珍しく養護学校教諭免許状を持っていたこと、教育実習先がかの有名な与謝の海養護学校であったこと等が選考委員の興味を惹き、「障害児教育」担当の講師で採用していただきました。

赴任先の鳥取は、糸賀園長の生まれ故郷です。私の研究の原点は、近江学園と与謝の海養護学校にあると言っても過言ではないでしょう[5]。

実践創造・権利保障運動と学的探究の往還――「能力」観の転換

自然現象と異なって、格差・差別（権利侵害）は人間社会が惹き起こすものです。そして、それらを解消するのもまた、人間社会なのです。筆者の研究関心は、権利侵害がいかに惹起《じゃっき》されたのか、またいかに解消（軽減）されたのか、学問は機能したのか、ということにあります。

一九六〇年代末から七〇年代にかけて、「能力」の限定的な解釈を超え出ようと、教育学（教育法学）の探究と実践創造・権利保障運動との往還が懸命になされます。

日本教育学会は、第二七―二九回大会（一九六八―七〇年）において連続で課題研究「障害児の教育を受ける権利」を設定し、『教育学研究』第三六巻第一号で「障害児教育」の特集を組みます。平原春好（教育行政）、清水寛（学習権）、田中昌人（教育の創造）らの論考を収録しています。

一九七〇年には、「教育法に関する研究を推進し、それにより『国民の教育を受ける権利』の保障に貢献するとともに、教育学界と法学界との相互協力を促進すること」を目的として、日本教育法学会が設立されます。「能力」にかかわって、牧柾名『教育権』は「（能力に不利のある障害児は――引用者補足）それだけ十分な条件で教育保障されるべき[6]」という従来とは逆転の発想を提示し、清水寛・三島敏男『障害児の教育権保障』は「発達に必要かつ適切な[7]」という読み深めを提起します。兼子仁『教育法［新版］』は、「能力」差別、就学猶予免除は「やむをえない」としていた旧説を改めて、「すべての子どもが能力を発達させうる教育を受ける権利」（能力発達上の必要に応じた教育）、「度の重い障害児こそ人間発達権の国家的保障を強く要求しうる」という新解釈へと転換します。[8]

教育基本法「教育の機会均等」研究の苦闘と深化

振り返ればこうして、「能力」規定解釈の転換を跡づけることは簡単なのですが、渦中にあっては「苦闘」と表現してもよいでしょう。筆者が在学中に大きな刺激を受けた文献、五十嵐顕先生の教育基本法「教育の機会均等」研究を例に紹介したいと思います。

①五十嵐顕（一九五七）「第三条第四条」長田新『教育基本法』新評論

一九五〇年代の論考では、特定の教育内容や政策イデオロギーの下にある「教育の機会均等」の「矛盾」

に眼差しを向けています。(9)

②五十嵐顕（一九六六初版）「教育の機会均等」宗像誠也『教育基本法』新評論、五十嵐顕（一九六八第二版）「教育の機会均等」同『教育基本法』新評論

一九六〇年代の論考では、「教基法制定後約二〇年間におよぶ戦後教育の経験の事実があって……私たちの接近方法に、格別の注意をもとめている」との記述が登場し、教育機会の矛盾は「民主的教育原則の試練」であり、「教育機会原則の発展方向」として国民教育運動と実践、民主主義的民族教育の問題が語られています。

③五十嵐顕（一九七五改訂新版）「教育の機会均等」同『教育基本法』新評論

一九七〇年代の論考では、さらに力動的な解説に深化しています。すなわち、「教育の機会均等」はそれ自体としては「資本主義社会の教育秩序の規定」として制定されたものであるが、「能力に応ずる教育」に係る「適格性」の内容は歴史的には絶対的ではなく、変化してきたことが、障害児教育や高校全入の運動を踏まえて記載されています。加えて、「戦後三〇年の時期において……教育運動は……『能力に応ずる教育』がもつ矛盾に働きかけてきた」、「どの時代の教育の機会の発展にも、さまざまな社会経済的要因と、諸階級の教育要求が矛盾をなして内包されている……支配階級の人材要請に奉仕する機会……これとの拮抗における……権利の実現可能性」にも言及しています。

実践創造や権利保障運動が学説を変えていく、そしてまた新たな学説が実践創造や権利保障運動をさらに押し広げていく、という往還関係が見て取れるのではないでしょうか。

シンプルに「ひとしく教育を受ける権利を有する」ではまずかったのかという問いに立ち返れば、「能力

に応じて」規定が手ごわく立ちはだかったが故に、その矛盾を突破した先に「発達」「必要」の新地平を切り拓くことができたと見るべきでしょう。

「能力に応ずる教育」から「必要に応ずる教育」へ

前著『格差問題と「教育の機会均等」』（日本標準ブックレット№3、二〇〇六年）の「おわりに」の副題は『「能力に応ずる教育」から『必要に応ずる教育』への展望」でした。そこでは、教育基本法の案文（一九四六年）が障害児を含み込む広がりを持たせるべく、「その能力と適性に応ずる教育」であったこと、教育法令研究会『教育基本法の解説』（国立書院、一九四七年）が「個人差に応ずる教育を施すことが人々の天分を伸ばし、個性を完成するゆえんである」と立法者意思を紹介していたこと、法学協会『註解日本国憲法（上）』（有斐閣、一九五三年）が「すべての国民にその個人差と生活の必要に応ずる教育を与えるということを意味する」と解説していたこと、日本国憲法第二五条の生存権との関連で「必要即応の原則」（朝日訴訟東京地裁浅沼判決、一九六〇年）が判示されていたこと、等を述べました。このように、戦後の権利保障において「必要」がキーワードとして登場していることを知ることができます。

能力原理から必要原理への転換は、法的には次の五つのステップで整理し展望することができます。

① 「能力」規定を読み込んで解釈を深める（教育条理解釈）

先に述べたように、清水寛（一九七五）の「発達に必要かつ適切な」、兼子仁（一九七八）の「能力発達上の必要に応じた教育」の新解釈がそれにあたります。条文を文字通りに読むのではなく、教育という事柄の本筋、道理から読み込むことを教育条理解釈と言います。

②「能力」を補う適切な字句を補う

教育基本法案の「その能力と適性に応じて」は、日本国憲法の側に「適性」の記載が無いという理由で整合性を保つために結局は削除されます。「能力」という二文字のみでは排除されてしまう対象を含める知恵として、字句を補う方法です。韓国の教育基本法第三条（三五ページ）には「適性」が併記されています。

③特定の対象を優先して「必要」対応を拡大する

二〇〇六年の教育基本法改正では、「教育の機会均等」を定めた第四条（旧第三条）に、第二項「国及び地方公共団体は、障害のある者が、その障害の状態に応じ、十分な教育を受けられるよう、教育上必要な支援を講じなければならない」が追加されました。

④「能力」規定に「必要」規定を併記する

ヘイッキ・マキパー『平等社会フィンランドが育む未来型学力』（明石書店、二〇〇七年）で一九一九年フィンランド憲法（第一三条）には「能力と必要に応じた教育」規定があることを知りました。前述の障害者に限定した教育基本法の「必要」規程を、特別な教育的ニーズを有する者やすべての人に拡充する改正が検討されてよいでしょう。

ところで、一九九九年制定の現行のフィンランド憲法では、次のようになっています。

第一六条　文化的な権利

一　何人も、無償の基礎教育に対する権利を有する。教育を受ける義務については、法律で定める。

二　公権力は、法律で詳細を定めるところにより、何人に対しても、資力の欠如のために妨げられることなく、その能力及び特別の必要に応じて、基礎教育以外の教育を受け、及び自らを発達させるための平等な機会を保障しなければならない。

三　学問、芸術及び高等教育の自由は、保障される。

「必要」規定が併記されていることはもちろんですが、「自らを発達させるための平等な機会の保障」「学問、芸術及び高等教育の自由の保障」がうたわれ、義務教育を含めて「文化的な権利」とされていることに驚かされます。

⑤より高位の原則や理念を定位する
——人格の自由な発展、幸福追求の尊重

ドイツ基本法においては人格権、すなわち「人間の尊厳」（第一条第一項）、「人格の自由な発展への権利」（第二条第一項）が規定されています[10]。

日本国憲法では第一三条（個人の尊重、生命自由幸福追求権の尊重）が相当します。そして、日本国憲法から「発達権」を導き出そうとする学問的努力がなされています。「発達権の法的根拠」の学説を、服部朗「成長発達権の生成」が整理してくれています[11]（表4）。

表4　「発達権の法的根拠」の8分類

憲法第14条（法の下の平等）・第25条第１項（生存権）・第26条第１項（教育を受ける権利）……清水寛
憲法第25条第１項・第26条第１項……一番ケ瀬康子、日弁連
憲法第26条第１項・第27条第１項（勤労の権利）……飯野節夫、牧征名
憲法第26条第１項……永井憲一
憲法第13条後段（生命自由幸福追求権の尊重）・第25条第１項・第26条第１項……堀尾輝久
憲法第13条後段・第26条第１項……兼子仁、第一東京弁護士会
憲法第13条前段（個人の尊重）・子どもの権利条約第６条（生存・発達の最大限の確保）……福田雅章、山口直也
憲法第13条前段（学問の自由）・第13～22条（「国民の権利及び義務」の総体）・第25条第２項（国の生存権保障義務）・第26条第１項・第27条第１項……勝野充行

出典：服部朗（2002）の分類を一部順番を入れ替え、補足して表記した。

これをみると、第一四条（平等権）、第二五条（生存権）、第二六条（教育を受ける権利）、第二七条（勤労権）とともに、第一三条との関連で「発達権」を位置づける試みがなされており注目されます。筆者も、日本教育法学会編『教育法学辞典』において「発達権」を解説したさいには清水寛説に立って説明するきらいがありましたが、後に第一三条も加味して「個々人の全面的に開かれた自由な発達の必要に応じる学習保障への権利」を提起しました[12][13]。初等教育や義務教育段階に限定するのではなく、後期中等教育及び高等教育への権利も、こうした憲法理解に重ねて解釈を広げてみてはいかがでしょう[14]。なお、個々人の全面的に開かれた自由な発達は、それを可能にする社会的条件がなければ実質化しえないし、個人の属する共同体の発展や人類社会全体の進歩にも左右されることは言うまでもありません。

第一世代の人権（自由権）は、個人の自由に基礎をおいて国家に不作為を求めます。第二世代の人権（社会権）は、平等に基礎をおいて国家に積極的な作為を求めます。そして、第三世代の人権（連帯権）は、人類的友愛に基礎をおいて地球規模での連帯を不可欠としています（環境・平和・開発への権利など）。筆者は「イチゴ大福」を例に、イチゴ（第一世代の人権）を餡《あん》（第二世代の人権）でくるんでさらに餅皮《もち》（第三世代の人権）で包む、すなわち社会権および連帯権は、あくまでもコアにある自由権の実質化を目的とする権利である、と説明しています。そうであるならば、第二六条は生命自由幸福追求権の尊重を定めた第一三条と結合して解釈すべきと言えるでしょう。

「自己人生創造希求権」の魅力

その憲法第一三条について、近年、「自己人生創造希求権」が提起されています。

竹中勲『憲法上の自己決定権』は、「〈日本国憲法が念頭に置く具体的人間像の内実は、『自己人生創造希求的個人像』である〉ととらえる立場から、そして、〈憲法第一三条は『日本国憲法の核をなすもの』であり、同条前段は『個人を基点とする適正な処遇の原理』を、同条後段は『基幹的な自己人生創造希求権』、『個人を基点とする適正な処遇をうける権利』（実体的にも手続的にも救済的にも適正な処遇をうける憲法上の権利）を保障したものである〉ととらえる立場から、憲法上の自己決定権の分析」を試みています。そして、第一三条の後段について、①「生命に対する権利」と公権力により人間存在自体を否定されない権利、②「幸福追求に対する権利」と各人は自己の人生の作者であるとの原理、③生命自由幸福追求権と個人を基点とする適正な処遇をうける権利と基幹的な自己人生創造希求権、を読み解いています[15]。

第二六条解釈においても留意すべき魅力的な提起と思われます。

貧困の放置・放任から総合的な対応・対策へ

「貧困」については、二一世紀に入って日本でも「相対的貧困」「子どもの貧困」への関心が高まり、二〇一〇年には「なくそう！ 子どもの貧困」ネットワークが結成され、二〇一三年には議員立法で「子どもの貧困対策の推進に関する法律」が成立しました（二〇一四年施行）。法律を受けて、内閣府に「子どもの貧困対策会議」が設けられ、二〇一四年には「子供の貧困対策に関する大綱」（教育の支援、生活の支援、保護者に対する就労の支援、経済的支援など）が閣議決定されました。また、都道府県レベルでも「子どもの貧困対策についての計画」が定められ、各種の施策・事業が展開されるようになっています。

しかし、国家人材を養成する観点から「貧困」を不就学事由から外した歴史（第四章）が物語るように、国家が「貧困」対策に乗り出す動きには、用心深さを持って臨む必要がありそうです。すなわち「貧困（の連鎖）をなくす」ことにおいて、①個人責任（各人の能力・努力）に帰す、②平等実現のための上から目線の作為（パターナリズム）を強調する、③社会効用・政策効果（人材投資・人材開発）論に傾斜する、という三つの陥穽《かんせい》（罠）です。「新しい経済政策パッケージ」や「骨太の方針二〇一八」に教育無償化が盛り込まれたことを喜んでいたら、消費増税が強行される、お仕着せの人材開発教育があてがわれる、対象学生にも大学側にも厳しい要件が課されて国家の管理下におかれる、ということが待ち受けているのです。

私たち抜きに私たちのことを決めないで

二一世紀に入って、障害者の権利保障に関しても進展がありました。障害者権利条約の国連採択（二〇〇六年）を受けて、日本政府の署名（二〇〇七年）後から批准（二〇一四年）に至るまで、さまざまな取り組みが展開されました。その際の標語が「私たち抜きに私たちのことを決めないで（Nothing About Us Without Us）」でした。障害当事者が積極的に参画したのです。

その結果、障害者基本法の改正（二〇一一年、本人保護者の意向尊重など）、中央教育審議会インクルーシブ教育報告（二〇一二年、インクルーシブ教育システムへの転換）、障害者差別解消法の制定（二〇一三年）・実施（二〇一六年）などがなされました。

権利保障を国家権力に丸投げせず、権利実現に向けて国家権力を縛る営みや市民運動が肝要です。

(1) 米沢広一（二〇一六）『憲法と教育一五講』北樹出版、八ページ。たとえば、「一四講　私立学校と憲法」では、「受験に有利」程度の認識しかなかった私学が、国家権力による価値の独占に対抗した機関であり、憲法第二一条の「結社の自由」を体現したものであることや、私学選択の自由が憲法第一三条の幸福追求権の尊重および自己決定権に由来すること等、受講生にとっては「眼からウロコ」の学び体験となるようだ。
(2) 宮澤俊義（一九五五）『日本国憲法コンメンタール篇』日本評論新社、二六七―二六八ページ、二六九ページ。
(3) 教育実習の経緯については、渡部昭男（二〇一八）「与謝の海教育実習、養護学校教諭免許状、鳥取大学&神戸大学」『学校創立五〇周年記念誌 よさのうみ』与謝の海創立五〇周年実行委員会、二四三―二四九ページ。
(4) 糸賀一雄（一九六八）『福祉の思想』日本放送出版協会、一七七ページ。
(5) その後の研究活動に関しては、渡部昭男（二〇一七）「第三部理論編／第一章　専攻科設置の源流と経緯」鳥取大学附属特別支援学校著、三木裕和監修『七転び八起きの「自分づくり」：知的障害青年期教育と高等部専攻科の挑戦』今井出版、一二一―一三七ページ。
(6) 牧柾名（一九七一）『教育権』新日本出版社（新書）、一八七ページ。
(7) 清水寛・三島敏男編（一九七五）『障害児の教育権保障』明治図書、一三七ページ。
(8) 兼子仁（一九六三）『教育法』有斐閣、七〇・七四・一六七ページ、同（一九七八）『教育法〔新版〕』有斐閣、二三〇―二三二ページ。
(9) 国立国会図書館調査及び立法考査局（二〇一五）『各国憲法集（9）フィンランド憲法』基本情報シリーズ一八。
(10) 初宿正典（二〇一八）『ドイツ連邦共和国基本法』信山社。
(11) 服部朗（二〇〇二）「成長発達権の生成」『愛知学院大学論叢 法学研究』四四巻一・二合併号、一七二―一九〇ページ。
(12) 渡部昭男（一九九三）「発達権」『教育法学辞典』学陽書房、四八八―四九〇ページ。
(13) 渡部昭男（二〇〇三）「『発達保障』『発達権』『学習権』論を練り直す視点」『障害者問題研究』三一巻二号、二一―二八ページ、同（二〇〇八）「『能力原理』から『必要原理』への転換」『障害者問題研究』三六巻一号、一八―二五ページ。
(14) 戸塚悦朗（二〇一六）「国際人権A規約一三条二項（b）、（c）『無償教育の漸進的導入』留保撤回（二〇一二、九）後の研究運動の課題と展望」（科研グループ二〇一六公開研究会①報告資料、二〇一六年七月一六日）は、A規約一三条二項（c）高等教育のみに「能力」規定があることについて、「憲法二六条一項の『能力』は、高等教育にかぎられていない」として日本国憲法の方がより広い「能力」規定であって、教育条理解釈を後期中等・高等教育にも拡充することについて

「憲法解釈上重要な視点である」とコメントしている。

(15) 竹中勲（二〇一〇）『憲法上の自己決定権』成文堂、四二―四八ページ。

おわりに　漸進的無償化促進法をつくろう

日弁連への人権救済申し立て

フォン・クーマンズ教授を招いてのシンポジウム（第一章）の討議を発展させて、二〇一八年一〇月、「中等教育及び高等教育の漸進的無償化立法を求める会」（略称：漸進的無償化立法を求める会、https://mushou.jinken-net.org/）を設立しました。

一一月一日には、日本弁護士連合会（日弁連）の人権擁護委員会に対して人権救済申立書を提出し、司法記者クラブで記者発表を行いました（三輪定宣代表世話人、戸塚悦朗弁護士、西川治弁護士、筆者）。記者発表の数時間後、弁護士ドットコムがさっそく、「学費を苦に中退、奨学金で破産……教育無償化しないのは『人権侵害』　日弁連に申し立て」（https://www.bengo4.com/internet/n_8777/）と題した記事を配信してくれました（記事写真は三輪代表世話人と筆者・左）。

申立人は漸進的無償化立法を求める会。被害者は、①中等教育および高等教育段階（短期大学、専門学校を含む）で修学する意思および能力があるにもかかわらず、主に経済的な負担のために①進学を断念した、②中途退学を余儀なくされた、③修学のための費用を得るための労働等により修学のための時間を奪

われるなど充実した学生生活を送ることができない、または④修学のための負債の返済に困難を抱える人々。加害者は被申立人である国（代表者文部科学大臣）です。

「申立の趣旨」は、立法措置その他のすべての適当な方法により、A規約第一三条第二項（b）および（c）（中等教育及び高等教育への権利及び漸進的無償化実施義務）の完全な実現を漸進的に達成するため、国における利用可能な手段を最大限に用いることにより、行動をとる義務があることを確認し、その迅速な実現のために中等教育および高等教育の漸進的無償化を促進する法案（仮称）の立法を含め、その他適切な措置をとるよう、国に勧告されたい、というものです。

なぜ日弁連への申し立てなのか

「申立の理由」では、日弁連が人権擁護大会（二〇一八年一〇月五日）において採択した「若者が未来に希望を抱くことができる社会の実現を求める決議」（七六～七七ページ、太字処理は引用者）を「心から歓迎しています」という書き出しで始まります。

当決議は、「日本では、家庭の所得と学歴との相関性が高く、『生まれた家庭』の経済力によって受けられる教育が左右されており、高等教育における学費の高騰等により進学できない若者も少なくない」と指摘したうえで、「普遍主義の社会保障・人間らしい労働と公正な分配」において、「(1)若者が置かれた現状を改善するものとして、全ての若者が、『生まれた家庭』の経済力や性別など自ら選択できない条件に左右されることなく、試行錯誤をしながら、学び、就労し、生活基盤を構築できる公平な条件を整備するため、①就学前教育・保育から高等教育までの全ての教育の無償化……をすべきである」と述べており、注目されます。

日弁連はこれまでにも、「貧困の連鎖を断ち切り、すべての子どもの生きる権利、成長し発達する権利の実現を求める決議」（二〇一〇年一〇月八日人権擁護大会決議）、「子どもの尊厳を尊重し、学習権を保障するため、教育統制と競争主義的な教育の見直しを求める決議」（二〇一二年一〇月五日人権擁護大会決議）のほか、複数の意見書・会長声明を発表しています。しかし、具体的な施策なしにはこの決議の実現は容易ではなく、他方で中等教育および高等教育の経済的負担による教育への権利の侵害は、現在もやむことなく、またさらに深刻化するおそれがあります。重要なことは、具体的な方法論、とりわけ立法政策を検討する段階に至ったと考えています。そこで、人権救済申立に及んだ、という次第です。

人権侵害にあたる国の義務違反

「申立の理由」では、「人権侵害の内容」として①高等教育における経済的負担、②経済的負担による高等教育の機会の不均等、③中等教育における経済的負担と教育への権利の侵害、を指摘したのちに、「権利侵害である理由」として①中等教育および高等教育の機会均等は人権として保障されるべきこと、②国に人権侵害にあたる義務違反があること、を明らかにしています。②の国（被申立人）の義務違反については、作為義務（なすべきこと）違反と不作為義務（してはならないこと）違反があると考えています。

ア　作為義務違反

（ア）　前記のとおり、被申立人は、無償教育の漸進的導入を最大限速やかに進め、高等教育の機会均等を確保するという作為義務を負っている。

しかるに被申立人は、いたずらに不作為を継続し、漫然とその責任を放棄してきたのであるから、作為義務違反がある。

（イ）この点について若干付言すると、被申立人の政府内部で何がその義務であるかについて明確に意識されず、その責任の所在が共有されていないところに最大の問題がある。

すなわち、この義務を実効的に実施するためには、文部科学行政を担う文部科学大臣のみではこれをなしえず、財政措置義務を担う財務大臣が主体的に国の義務を実行することが必須である。また、社会権規約に基づく義務であるから、外務大臣もその義務の一端を担うものである。

さらに、これらの政府部局を統括する内閣総理大臣及び官房長官も、国の責務の実行について積極的に関与する責任がある。

（ウ）また無償教育の漸進的導入を最大限速やかに進めるためには、無償教育の漸進的導入の行政上の根拠となる立法が必要である。

被申立人は、漸進的無償化のための段階的な政策（ロードマップ）を立案して立法化し、その実施を主導する行政機構を設ける義務があるが、そのような法案の作成に着手さえしていない。

前記留保撤回からすでに六年余が経過しており。被申立人は、かかる立法を準備し、国会に提案する十分な期間があったにも関わらずこれを怠っており、かかる現状は前記作為義務違反というほかない。

イ　不作為義務違反

被申立人は、同時に、高等教育の機会均等を損なう、高等教育の有償化（学費負担の加重）を行ってはならないという不作為義務も負っている。

しかるに、後記のとおり、高等教育の機会均等をさらに損なう重大な懸念のある事態が生じており、このまま実行されるならば前記不作為義務違反というほかない。

さらなる人権侵害の「懸念」には、現在進行形の緊急課題、すなわち①「奨学金」という名のローン制度の破たん、②国立大学による学費値上げの動き（東京工業大学につづき東京藝術大学も値上げ通告）、③国連社会権規約委員会への政府報告書の提出の遅れ（二〇一八年問題）、を挙げました。一刻の猶予もなりません。

漸進的無償化を促進する法案

中立書の最後には、A規約の主要な規定を国内法化し、それを実施する国内制度を創設する趣旨で、次のような法案構想を掲げました。子どもの貧困対策や障害者権利条約の関連施策推進のための組織が内閣府に置かれていますが、同様に、漸進的無償化の促進に関しても実施のための機関を内閣府に設置することを含めています。

一　法律案の名称

（仮）中等教育及び高等教育の漸進的無償化を促進する法案

二　法律案の趣旨

(1)　社会権規約の主要な規定を国内法化する。

(2) それを実施する国内制度を創設する。

三　国内法化すべき主要規定

(1) 社会権規約2条1項（国の作為義務）
(2) 社会権規約2条2項（差別禁止）
(3) 社会権規約13条2項（b）（c）（中等教育及び高等教育への権利、漸進的無償化実施義務）

四　実施のための機関の概要

(1) 内閣府に設置
(2) 毎年の施策（ロードマップ）及び調査結果を国会に報告する義務
(3) 中等教育・高等教育漸進的無償化促進会議の設置
構成員は、首相、官房長官及び関係大臣とする。
(4) 中等教育・高等教育漸進的無償化促進調査推進委員会の設置
構成員は、学識経験者及び関係行政機関職員とする。

残念ながら今回の申し立ては受理されるには至りませんでしたが、立法化に向けた活動は始まったばかりです。第二章でも強調しましたが、無償化を自己目的化するのではなく、公費教育の拡充によって社会を豊かにしていくという方向性と合意形成の過程こそが重要です（朝日新聞二〇一九年一月二一日付朝刊「持続可能な未来社会への『有効策』、AIが予測　大学進学率の向上・教育投資の充実」）。

二〇一〇年、高校無償化政策を打ち出した際のキャッチコピーは「社会全体であなたの学びをささえます」でした。高校進学率が九八パーセント台であり国民的な教育機関となっていること、高校無償化が国際的動向であることに加えて、権利主体であるすべての意志ある高校生等（年齢にかかわらず）を社会全体で応援することを高らかにうたったのでした（『文部科学白書二〇〇九』六八ページ）。その後、私立高校生等への就学支援金は世帯収入に応じて最大で二・五倍まで加算されるようになり、高校生版就学援助制度（市町村民税所得割額が非課税世帯［二五〇万円程度未満］生徒への奨学給付金）も始まっています。高校無償化は今では国民的合意を得ているといると考えてよいでしょう。

大正生まれの筆者の母は今年で九五歳になります。農家の両親が鶏小屋を造り卵を売って、お金を工面してくれた話をよく聴かせてくれます。そして、高等女学校まで学べたことを歓びとし、いまもケアハウスでのお習字の時間を楽しみにしています。

「人生一〇〇年時代」といわれる今、人生に彩りを添え、自身を豊かにするためのライフシフトが始まっています。常に好奇心を持って、学びたいことを、学びたいときに、誰もが大学等で学べる……それを「夢物語」としない（経済的理由によって断念することがない）ような社会を創りたいものです。車の安全性を高めるエアバッグ（乗員保護システム）は、以前はかなり高額な特殊装備でしたが、今では標準装備になっています。自動ブレーキ等の次世代の予防安全パッケージの標準装備化もそう遠くないことでしょう。義務教育にとどまらず後期中等教育が、さらには幼児教育から高等教育までが特殊装備ではなく、子育て・教育の標準装備として、社会全体のささえによって提供される……そのような若者と社会の未来をひらく教育無償化を志向しています。

あとがき

前著『格差問題と「教育の機会均等」』（日本標準ブックレットNo.3）を、人権は法律によっても侵されないという視点を問う重要性の指摘で締めくくりました。今回は、法令を整備して人権（ヒューマン・ライツ）の保障を進めることを呼び掛けた結びとなっています。「二〇一二年転換課題」を促進するために法がその役割を果たすべき時であると考えます。

本書は神戸大学へ異動（高校無償化が開始された翌二〇一一年）後の論考を主に、漸進的無償化を切実に求める青年・若者、市民の方々を念頭にわかりやすく整理し直したものです。四季の美しい六甲山麓にある発達科学部の研究棟（平原春好教授・三上和夫教授がお使いになった研究室）から、遙かに故郷の愛媛と繋がる瀬戸内や往きかう船を眺めるのが好きです。神戸大学での研究の機会をくださった先生方、若者の考えを聞かせてくれた院生・学生、意見交換する場となった大学評価学会や人間発達研究所の方々、科研グループに集われた国内外の研究メンバー、そして漸進的無償化立法を求める会の同志の皆さんに感謝を申し上げます。

最後に、前著に引き続き出版をお引き受けくださった株式会社日本標準、並びに細部にわたり丁寧に編集を進めてくださった郷田栄樹さんに心より御礼を申し上げます。素敵な冊子に仕上がりました。

二〇一九年二月

渡部昭男

1　普遍主義の社会保障・人間らしい労働と公正な分配

(1)　**若者が置かれた現状を改善するものとして、全ての若者が、「生まれた家庭」の経済力や性別など自ら選択できない条件に左右されることなく、試行錯誤をしながら、学び、就労し、生活基盤を構築できる公平な条件を整備するため、①就学前教育・保育から高等教育までの全ての教育の無償化、②出産・育児休業、家族給付などの給付の拡充、③尊厳ある生活を保障する水準の最低賃金、同一価値労働同一賃金の実現、④失業時の所得保障及び職業訓練制度の抜本的充実、⑤低所得者層のみの利用にとどまらない公営住宅の増設と家賃補助制度の新設をすべきである。**

(2)　若者が現在及び未来に希望を抱くことができるような制度、殊に保険料、一部負担金が納められないことにより、各種サービスや保障制度を利用できないことがないよう、①窓口負担のない税方式による医療・介護・障害福祉サービス、②尊厳を保障する水準の税方式による最低保障年金制度を構築すべきである。

2　連帯による財源の確保と税制の改善

これらの若者の尊厳を支える労働環境及び社会保障制度は、若者だけでなく同時に全世代を支える意味合いを持ち、その実現には安定した財源の確保が不可欠である。そのためには、「生まれた家庭」の経済力や性別など自ら選択できない条件に左右されることがないように社会保障制度を充実させることにより、互いに租税を負担し連帯して支え合うことへの国民的合意を形成した上で、次の施策を実施することが必要である。

(1)　所得税及び法人税については、税と社会保障による所得再分配機能の重要性及び応能負担原則に基づく実質的平等の確保の観点から、大企業及び投資家などに適用される種々の優遇税制を見直し、租税負担の公平性を高めるべきである。他方、生活費控除原則を徹底した課税最低限を設定すべきである。

(2)　消費税については、低所得者の負担が重い逆進的な性格を有することから、税収構成及び予算配分において逆進性の弊害を低減するようにすべきである。

(3)　保険主義の偏重を是正し、社会保障制度の税財源を強化すべきである。

(4)　税収の流失を止め安定した財源を確保するため、実効的なタックス・ヘイブン（租税回避地）対策が必要不可欠であり、他国との連携により対策を強化すべきである。

当連合会は、税制、社会保障制度、労働法制等を審議する政策形成に際して、若者が当事者、主権者として意見を述べて社会に参加し、社会に影響力を及ぼし得る環境、場が確保できるよう努めるとともに、若者が現在、そして未来に希望を抱くことができる社会が築けるように、社会保障制度及びこれを実現する予算配分とその財源の在り方に関するグランドデザインを作成し、広く市民の議論に供し、その実現に向けて国に対する提言等を行うこと、並びに実現に向けた過程において、関連する各分野の行政手続に弁護士が積極的に関与していくことを決意する。

以上のとおり決議する。

2018年（平成30年）10月５日

日本弁護士連合会

若者が未来に希望を抱くことができる社会の実現を求める決議

若者の時期は、子どもから大人へと成長し、アイデンティティを見出し、より高度な教育を受け、職業を選択するなど、多様な個性を持ちつつ試行錯誤をしながら数多くの人生の選択をするかけがえのない時期である。また、民主主義の担い手として社会に参加を始める時期でもある。

ところが、日本では、家庭の所得と学歴との相関性が高く、「生まれた家庭」の経済力によって受けられる教育が左右されており、高等教育における学費の高騰等により進学できない若者も少なくない。また、規制緩和が進められた労働市場においては、試行錯誤や再チャレンジをしながら自分らしい職業を選択することは容易ではなく、賃金が低く雇用の継続性においても不安定な非正規雇用で働く若者も多い。これらの若者は職業訓練を受ける機会も乏しく、不安定な雇用から抜け出すことも容易ではない。住宅にかかる費用が高額なため、親元を離れ、独立した生計を営むことができない若者も増えている。結婚して子どもを持つことは、子育て支援も乏しく、若者にとってリスクのある選択となっている。日本の教育機関に対する公的支出の対GDP比はOECD加盟国中最低レベルにあり、家族関係社会支出（各国が家族手当、出産・育児休業給付、保育・就学前教育、その他の現金・現物給付のために行った支出）もイギリス、フランス等の３分の１程度でしかないなど、若者の支援は限定的である。若者がひとしく自ら人生を選択し自己を実現することができる社会構造とはなっておらず、自己の参加によって、生きづらいとされる社会の変革に立ち向かう意欲も持ち得なくなっているとさえ指摘されている。

国の調査によれば、アメリカ、イギリス、ドイツ、フランス、スウェーデン、韓国、日本の７か国の中で、職場や自分自身に満足していない若者や憂鬱だと感じている若者が最も多いのが日本であり、自己の社会参加により社会を変えられると思う若者が最も少ないのが日本である。そして、将来について、「希望がある」と答えたのは、主な国が４割～５割であるのに対し、日本の若者は約１割にすぎない。

このような若者が置かれている状況に影響を及ぼしている背景の一つとして、「自己責任」という政策動向が考えられる。日本の社会保障制度において、近年、「自助」、「共助」が強調され、社会保障費を削減する動きが強まっている。また、労働分野では規制緩和が進み、自由競争が強まっている。

こうした傾向が強まった日本の社会において、多くの若者が生きづらさや将来の不安を「自己責任」の中に押し込めてしまい、何も変わらないと感じているとさえ思われる。

しかし、**こうした現状は、個人の尊厳原理に立脚し幸福追求権について最大の尊重を求めている憲法13条、生存権を保障する憲法25条等に照らし到底看過することはできない。また、民主主義社会の危機である。**

そこで、当連合会は、一人ひとりの若者が自分の人生や生き方を自己決定できる機会を保障し、若者が希望をもって今を生き、自由な再チャレンジが保障されることで未来にも明るい希望を抱ける社会の実現に向けて、国及び地方公共団体に対し、次の施策の実施を求める。

中等教育及び高等教育の漸進的無償化立法を求める会ホームページ

(https://mushou.jinken-net.org/)

ホームページ管理＆デザイン：片山一義（札幌学院大学教授）

事務局：細川　孝（龍谷大学教授）hosokawa@biz.ryukoku.ac.jp

　　　　渡部昭男（神戸大学教授）akiowtnb@port.kobe-u.ac.jp

＊本書を素材にして子育て・教育を共同的互恵的に進める豊かな社会づくりについて意見交換ができればと思います。会のホームページを活用して情報交流や意見交換などができます。本書のテーマである「能力・貧困から必要・幸福追求へ」や、副題の「若者と社会の未来をひらく教育無償化」について、感想や意見、疑問や要望などをぜひお寄せください。

【初出一覧】（下記の初出論考をもとに加筆修正した）

第 1 章：渡部昭男（2018）「国際人権規約と教育無償化の理念」『教育と医学』66(6)、5-11ページ。

第 2 章：渡部昭男（2017）「『教育無償化』論議の経緯と特徴：2016年第190回～2017年第193回国会審議から」日本教育行政学会第52回大会分科会発表補足資料、2017年10月15日、日本女子大学。
http://www.lib.kobe-u.ac.jp/repository/90004295.pdf

第 3 章：渡部昭男（2016）「韓国における半額登録金運動と国家奨学金制度：第３回及び第４回日韓シンポジウムの概要」『教育科学論集』(19)、1-6ページ。
http://www.lib.kobe-u.ac.jp/repository/81009358.pdf
渡部昭男（2017）「韓国における無償給食：学術 Weeks2016 シンポジウム企画の要点」『教育科学論集』(20)、39-44ページ。
http://www.lib.kobe-u.ac.jp/repository/81009768.pdf

第 4 章：渡部昭男（2018）「『能力・貧困』問題を教育法・教育政策から考える：能力・貧困から必要・幸福追求へ」日本教育学会第77回大会公開シンポジウムⅡ発表資料、2018年９月１日、宮城教育大学。
http://www.lib.kobe-u.ac.jp/repository/90005247.pdf

第 5 章：同上

おわりに：中等教育及び高等教育の漸進的無法化立法を求める会「人権救済申立書」
https://mushou.jinken-net.org/
(完成提出版20181101人権救済申立書.pdf)

●著者紹介

渡部昭男（わたなべ あきお）

1954年、愛媛県生まれ。京都大学博士課程1982年修了。
鳥取大学教授をへて現在、神戸大学大学院教授。鳥取大学名誉教授。中等教育及び高等教育の漸進的無償化立法を求める会事務局長、人間発達研究所副所長。日本教育学会理事、日本教育行政学会理事、日本特別ニーズ教育学会理事。
『格差問題と「教育の機会均等」』（日本標準ブックレット No. 3、2006年）で大学評価学会第1回田中昌人記念学会賞受賞。共著『日本型インクルーシブ教育システムへの道』（三学出版、2012年）、共著『地方教育行政法の改定と教育ガバナンス』（三学出版、2015年）など。

日本標準ブックレット No.21

能力・貧困から必要・幸福追求へ

――若者と社会の未来をひらく教育無償化――

2019年 3 月 30 日　第 1 刷発行

著　者　渡部昭男
発行者　伊藤 潔
発行所　株式会社 日本標準
〒167-0052　東京都杉並区南荻窪3-31-18
Tel 03-3334-2640［編集］03-3334-2620［営業］
ホームページ　http://www.nipponhyojun.co.jp/

印刷・製本　株式会社 リーブルテック

ISBN 978-4-8208-0653-0

「日本標準ブックレット」の刊行にあたって

日本国憲法がめざす理想の実現は、根本において教育の力に待つべきものとして教育基本法が制定され、戦後日本の教育ははじまりました。以来、教育行政や学校、教師、子どもたちの姿など、教育の状況は幾多の変遷を経ながら現在に至っていますが、その中にあって、日々、目の前の子どもたちと向き合いながら積み重ねてきた全国の教師たちの実践が、次の時代を担う子どもたちの健やかな成長を助け、学力を保障しえてきたことは言うまでもないことです。

しかし今、学校と教師を取り巻く環境は、教育の状況を越えて日本社会それ自体の状況の変化の中で大きく揺れています。教育の現場で発生するさまざまな問題は、広く社会の関心事にもなるようになりました。競争社会と格差社会への著しい傾斜は、家庭や地域社会の教育力の低下をもたらしています。学校教育や教師への要望はさらに強まり、向けられるまなざしは厳しく、求められる役割はますます重くなってきているようです。そして、教師の世代交代という大きな波は、教育実践の継承が重要な課題になってきていることを示しています。

このような認識のもと、日本標準ブックレットをスタートさせることになりました。今を生きる教師に投げかけられている教育の課題は多種多様です。これらの課題について、時代の変化に伴う新しいテーマと、いつの時代にあっても確実に継承しておきたい普遍的なテーマを、教育に関心を持つ方々にわかりやすく提示しようというものです。このことによって教師にとってはこれからの道筋をつける手助けになることを目的としています。

このブックレットが、読者のみなさまにとって意義のある役割を果たせることを願ってやみません。

二〇〇六年三月　日本標準ブックレット編集室

9784820806530

1920337009004

ISBN978-4-8208-0653-0
C0337 ¥900E

定価（本体900円+税）
日本標準

日本標準ブックレット No.21

NH Booklet

能力・貧困から
必要・幸福追求へ

―若者と社会の未来をひらく教育無償化―